www.alava.net

Vallée Salée de Añana
Vers une récupération intégrale

Salt Valley of Añana
Towards its full recovery

Vallée Salée de Añana
Vers une récupération intégrale

Salt Valley of Añana
Towards its full recovery

Auteurs **Authors**
Mikel Landa Esparza
Alberto Plata Montero

Éditeur **Published by**
Députation forale d'Álava. Département d'Urbanisme et de l'Environnement
Provincial Council of Álava. Department of Town Planning and Environment

Directeur de l'édition **Editor of the publication**
Juan Ignacio Lasagabaster

Photographies **Photographs**
Mikel Landa (à l'exception de celles réalisées par le Groupe de recherche en Archéologie de l'Architecture de l'UPV et celles où figurent expressément d'autres auteur except the work carried out by the Research Group in Architectural Archaeology of the University of the Basque Country (UPV) and that in which other authorship is as expressly stated).
Groupe de recherche en Archéologie de l'Architecture de l'UPV **Research Group in Architectural Archaeology of the University of the Basque Country (UPV)**: 75, 78 (2), 79, 80, 110 (1), 111, 114, 115 (2), 143, 144, 145, 146, 147, 148, 149, 155, 165, 176, 187 et and 202 (1 et and 2)

Traductions **Translations**
GDS Traductores

Dessin graphique **Graphic design**
a+t ediciones

Photomécanique **Photomechanics**
Reproducciones L'arte

Impression **Printed by**
Imprenta de la Diputación Foral de Álava

Dépôt légal **National book catalogue No.**
VI-323/07

ISBN
978-84-7821-680-2

Copyright des textes et des photographies: les auteurs
Text and photograph copyright: the authors

Préface **Prologue**	8
Présentation **Presentation** Juan Ignacio Lasagabaster Gómez	10
La Vallée Salée en images **The Salt Valley in images**	16
1 L'origine du sel. Le Diapir de Salinas de Añana **The origin of salt. The Diapir of Salinas de Añana**	68
2 Histoire de la Vallée Salée **History of the Salt Valley**	72
3 Description des salines **Description of the salt works**	84
4 Les raisons d'un Plan Directeur **The whys and wherefores of a Master Plan**	128
5 Plan Directeur pour la récupération intégrale de la Vallée Salée de Salinas de Añana **Master Plan for the full recovery of the Salt Valley of Salinas de Añana**	136
6 Restauration de la Vallée Salée **Restoration of the Salt Valley**	178
7 Futur de la Vallée Salée **Future of the Salt Valley**	200

Députation forale d'Álava
Provincial Council of Álava

Conscient de la valeur que revêt la Vallée Salée de Salinas de Añana dans le contexte du Patrimoine culturel de l'Álava, le Députation forale d'Álava, sur l'initiative du Département de l'Urbanisme et de l'Environnement, à travers son Service du patrimoine historique et architectural, s'est proposé d'entreprendre une série d'actions afin de créer les conditions nécessaires à l'inversion du processus de dégradation de la Vallée, et lancer sa récupération intégrale.

La création de la société des sauniers Gatzagak en 1998, regroupant la quasi-totalité des propriétaires des aires, unifiant de cette manière la propriété, favorisa l'intervention publique sur le monument.

Depuis, le soutien apporté à la récupération de cet exceptionnel actif du patrimoine culturel alavais, n'a cessé jusqu'à ce jour. Conscient de l'importance stratégique que revêt pour un large secteur du territoire alavais sa mise en valeur, le Députation forale d'Álava a investi pendant la période 1998-2005, un total de 1.722.775,38 euros.

En 2005, suite à l'application des recommandations émanant du Plan directeur, plusieurs actions de restauration, aussi bien des aires de production que de diverses infrastructures nécessaires à l'accès à l'intérieur de la Vallée ont été mises en œuvre à cet effet, des investissements s'élevant à 1,8 million d'euros ayant été approuvés pour les exercices budgétaires des cinq prochaines années.

Depuis l'année 2006, la Vallée Salée s'est inscrit dans le concept de «restauration ouverte», suivant les pas méthodologiques des expériences sœurs, telles que celle entreprise dans la Cathédrale de Santa María de Vitoria, un itinéraire sécurisé à l'intérieur de l'enceinte ayant été aménagé, afin de permettre l'organisation de programmes de visites guidées.

Cette approche sur la gestion des interventions, active et proche du citoyen, a été acceptée très favorablement par l'ensemble de la société alavaise, la Fondation Caja Vital ayant généreusement participé au financement de ces programmes très attractifs.

Le Députation forale d'Álava a obtenu le soutien d'autres institutions et organismes intéressés par la protection du Patrimoine culturel, et notamment auprès des Départements de la Culture et de l'Industrie du Gouvernement basque, qui sont venus s'intégrer directement, moyennant des subventions, au financement des interventions.

Enfin, la Communauté européenne appuie également, à travers la participation de la Députation forale d'Álava au programme Interreg IIIB «Salines de l'Arc atlantique», la création d'un route touristique reliant les salines artisanales de cette partie de l'Europe.

Convaincus que la Vallée Salée a commencé à resurgir, ce livre veut constituer pour le lecteur, outre une carte de présentation du travail de récupération que nous avons entrepris, une invitation à participer activement à ce processus auquel tant de personnes se consacrent grâce à leurs efforts et implication.

Nous vous attendons au Vallée Salée!

Aware of the value the Salt Valley of Salinas de Añana has within the context of Cultural Heritage in Álava, the Provincial Council of Álava, on the initiative of what is now the Department of Town Planning and Environment, proposed embarking on a series of actions via its Historic-Architectural Heritage Service, the aim of which was to generate the conditions required to invert the deterioration process of the valley and get its integral recovery underway.

The setting-up in 1998 of Gatzagak, the salt makers' society, which groups together almost all the owners of the salt pans, thus unifying ownership, enabled public intervention regarding the monument to be facilitated.

Since then, support for the recovery of this exceptional Cultural Heritage activity in Álava has not ceased. Aware of the strategic importance the restoration of its value has for a large area of Álava, the Provincial Council invested a total of 1,722,775.38 euros over the period 1998-2005.

In 2005, as a consequence of the application of the recommendations emanating from the Master Plan, different restoration activities were set in motion both in terms of the salt pans used for salt production and the different infrastructures needed to facilitate access to the inside of the valley. To this end, 1.8 million euros was approved for budgets over the following five years.

Since 2006, the Salt Valley has been incorporated into the concept of "open restoration", following the methodological footsteps of parallel experiences such as that embarked on at St. Mary's Cathedral in Vitoria, with a safe route being fitted out inside the site to enable a programme of guided tours to be organized.

This approach regarding the management of active intervention and proximity to citizens has proved to be very popular among all sectors of Álava society, with the Caja Vital Foundation taking part generously in the funding of these attractive programmes.

The Provincial Council of Álava has also won the support of other institutions and entities interested in protecting Cultural Heritage, and has aroused favourable interest in the Departments of Culture and Industry of the Basque Government, which have indirectly joined the funding of the work being carried out via grants

Lastly, the European Community is supporting the creation of a tourist route that will link the traditional salt works of this part of Europe, with the participation of the Provincial Council in the Interreg IIIB "Atlantic Arc Salt Works" programme.

Convinced that the Salt valley has started to resurge, this book therefore wishes to serve as a business card for the reader in terms of the recovery work we have embarked on, an invitation to actively take part in this process in which so many people are involved through their effort and dedication.

We await you in the Salt Valley!

Juan Ignacio Lasagabaster
Chef du service du Patrimoine historique-architectural. Députation forale d'Álava. Coordinateur du Plan Directeur pour la récupération de la Vallée Salée de Salinas de Añana.
Head of the Historic-Architectural Department. Provincial Council of Álava. Coordinator of the Master Plan for the Recovery of the Salt Valley of Añana.

La Vallée Salée de Salinas de Añana est l'une des références les plus précieuses de l'évolution d'une activité humaine cruciale pour le développement de sa survie comme l'est l'extraction du sel. C'est également une douloureuse démonstration du danger que courent ces véritables témoignages vivants de l'histoire de la culture, lorsqu'ils sont relégués de par leur inefficacité et leur faible rentabilité, dans l'oubli et la disparition matérielle.

En très peu de temps, et surtout au regard des origines de cette activité à Añana, l'abandon de la production de sel a provoqué un processus généralisé de destruction du dernier (mais plus visible) système d'extraction de sel, à base de canaux et de terrasses construits avec le bois des forêts avoisinantes, insufflant aussi bien aux visiteurs qu'aux habitants un vent de nostalgie ou de fatalité que nombreux considéraient irréversible.

Mais le danger de l'abandon physique impliquait également, dans cette société pressée et oublieuse, celui de la perte des références émotionnelles, celui de l'éloignement inconscient de la part de la société de l'une de ses principales icônes du passé en raison de sa singularité et de ses potentialités.

Aujourd'hui, la démocratisation de la connaissance constitue déjà un processus irréversible. L'accès à l'information est un droit théorique, qui a été fortement inculqué aux sociétés démocratiques dans leurs propres sensations. C'est pourquoi, la conscience acquise sur la condition publique du Patrimoine construit se distingue chaque fois avec plus de force par rapport au reste de ses significations culturelles, l'enrichissant et le faisant participer aux nouvelles sensibilités toujours et inévitablement contemporaines, qui devraient le pousser à jouer un rôle dans le cadre de nouvelles possibilités.

En conséquence de tout cela, apparaît le concept de récupération intégrale: Une idée qui prétend englober la multiplicité d'approches pouvant exister sur un Bien culturel appartenant à un contexte social et économique déterminé, et les rôles qu'il doit jouer après sa mise en valeur.

La récupération de la Vallée Salée ne pouvait donc constituer un simple effort de restauration matérielle d'un paysage beau et inquiétant: Il était nécessaire de considérer, principalement, quel pouvait être le nouveau rôle à jouer dans le contexte social et culturel contemporain (et futur) de la réalité alavaise.

D'autre part, le Patrimoine culturel caractérisé en tant que fait social, en tant que nécessité identitaire et d'échange, est allié inexorablement, à l'heure actuelle, à sa considération de ressource économique. Les Biens culturels constitueront toujours une référence nécessaire à l'identification d'un collectif plongé dans un domaine culturel déterminé, ils sont très utiles à l'établissement de relations avec d'autres espaces culturels à égalité de conditions, créant par ailleurs, des avantages directs et indirects pour la société qui les abrite, les valorise et les protège.

The Salt Valley of Salinas de Añana is one of the most valuable reference points in the evolution of a human activity considered crucial for the development of our survival –namely, that of salt extraction. It is also a painful example of the danger faced by these genuine living testimonies to the history of a culture when they are consigned to oblivion and material disappearance, whether because they are inefficient or unprofitable.

In a very short time –above all if we bear in mind the origins of this activity in Añana– the decision to abandon salt production has given rise to a widespread process of ruin of the last (albeit most visible) system of salt extraction based on channels and terracing made of wood from neighbouring forests, imbuing both visitors and local residents with an air of something between nostalgia and fatalism which many consider to be irreversible.

Yet in this high pressure and forgetful society, the risk of physical neglect also entailed the loss of emotional references –that of the unconscious remoteness on the part of society of one of its main icons from the past, owing to its uniqueness and potentialities.

Nowadays, the democratization of knowledge already constitutes an irreversible process. Access to information is a theoretical right which has become firmly instilled in democratic societies. That is why the conscience regarding the public status of Constructed Heritage is increasingly gaining strength over its other cultural meanings, enriching it and making it party to new sensibilities which are always inevitably contemporary and which should be the driving force behind playing a leading role in other new opportunities.

As a result of this, the way is paved for the concept of integral recovery: a notion that attempts to take into consideration the multiple approaches that may exist regarding a Cultural Asset belonging to a specific social and economic context and the roles that it may play after its value has been restored.

The recovery of the Salt Valley could not therefore remain a mere material pledge to restore its beauty and landscape: above all, what needed to be taken into consideration was what the new role that it might play in the contemporary (and future) social and cultural context of the situation in Álava was to be.

Furthermore, the Cultural Heritage characterized as a social fact, as a necessity in terms of identity and exchange, also goes hand in hand inexorably in our times with its status as an economic resource. Cultural assets will always constitute a necessary reference point for the identification of a group immersed in a certain cultural milieu and also prove very useful for establishing relations with other areas of culture under equal conditions, also generating direct or indirect benefits for the society that accommodates them, values them and protects them.

Le concept de monumentalité est directement lié aux changements et aux transformations que soutiennent les sociétés, il n'est donc pas immobile. L'assimilation sociale des monuments, du Patrimoine construit, varie avec le temps, mais il varie également en fonction de la personne et la manière d'être de celui qui le perçoit, on pourrait donc dire que la «monumentalité» d'un monument serait le résultat final d'un processus de synthèse ou de décantation des perceptions subjectives qui ont été exprimées jusqu'ici à son égard.

Toutefois, il est fréquent, comme cela s'est produit dans le cas de la Vallée Salée et de la société alavaise, que ce soit précisément dans un environnement plus immédiat que ces perceptions se voient altérées par rapport à la véritable réalité et ses nouvelles potentialités.

La fragilité de la situation de notre Patrimoine contraint trop souvent à devenir la scène stéréotypée ou effrontément forcée de nouveaux besoins et fonctions, elle requiert un effort supplémentaire de la part des responsables directs de leur conservation/manipulation et usufruit.

Pour réussir, il sera nécessaire, comme nous tentons de le faire avec la Vallée Salée, d'impulser le rétablissement des relations rompues ou détériorées entre citoyens et monument, en faisant en sorte de développer avec la rigueur adéquate, la persévérance et la conviction nécessaires, ce qui pourrait se nommer la «connaissance participative du monument».

A Salinas de Añana, cette reconnaissance souhaitable du monument a commencé dès le début, avec le démarrage des premiers essais de diffusion de nos recherches, qui ont mené plus tard à la rédaction du Plan directeur pour la récupération intégrale de la Vallée Salée, avec certaines expériences de divulgation suivant l'éloquent modèle appliqué à la restauration de la Cathédrale de Santa María de Vitoria-Gasteiz.

L'établissement des relations transversales avec la société déjà dès le début du processus d'intervention a été abordé comme une condition essentielle à l'obtention du plus fort degré de relation émotionnelle entre le citoyen et le monument. La (ré)incorporation de la Vallée Salée à la contemporanéité doit lui être fidèlement transmise, afin qu'il puisse avoir le choix de se sentir acteur d'un tel événement.

Il s'agit donc de stimuler de manière active et participative, un climat de réflexion sur ses propres relations personnelles avec le monument, en faisant en sorte de favoriser son implication émotionnelle dans l'ensemble du processus, en le rendant conscient de la portée des décisions adoptées afin d'augmenter son degré personnel d'implication.

The concept of monumental character is directly linked to the changes and transformations which societies undergo, and is not therefore immovable. The social assimilation of monuments, of Constructed Heritage, varies over time, but also varies in relation to who and what the one is like who perceives it, and it could be said that the "monumental character" of a monument would be the end result of a process involving the synthesis or leaning towards the subjective perceptions about it until that point in time.

However, what often happens –as has been the case in the Salt Valley and Álava society– is that it is precisely from its most immediate surroundings that these perceptions can be seen to be distorted in relation to their genuine reality and their new potentialities.

The fragility of the situation faced by our heritage, too often compelled to become the stereotyped or shamelessly forced setting of new needs and functions, requires an additional effort on the part of those directly responsible for its preservation/manipulation and use.

To achieve this, it will be necessary –as we trying to do with the Salt Valley– to promote the re-establishment of broken or weakened relations between citizen and monument, in an attempt to develop what could be referred to as "participatory knowledge of the monument" with due rigour, perseverance and conviction.

In Salinas de Añana, this desirable recognition of the monument got underway from the outset when the first tests commenced involving the dissemination of our research work which would later result in the drafting of the Master Plan for the Integral Recovery of the Salt Valley, with some informative experiences following the successful model applied to the restoration of St. Mary's Cathedral in Vitoria-Gasteiz.

The establishment of transversal relations with society since the very beginning of the intervention process is considered to be the main condition required to achieve a greater degree of emotional bonding on the part of the citizen with the monument. The (re)-incorporation of the Salt Valley into contemporary society must be firmly conveyed to citizens in order for them to be able to have the option of feeling that they are an active part of such an event.

It is a therefore a question of promoting a climate of reflection regarding their own personal relations with the monument in an active and participatory way, by attempting to create a favourable atmosphere for their emotional involvement in the whole process, thus making them aware of the scope of the decisions taken in order increase their personal degree of bonding.

For this reason, during all the stages of the recovery process (including material restoration), the same attitude of permeability and acces-

C'est pourquoi, durant toutes les étapes de la récupération (y compris la restauration matérielle), il s'agirait de maintenir à chaque instant la même attitude de perméabilité et d'accessibilité, de manière à ce que naturellement le citoyen puisse relier ses perceptions précédentes à celles de cette phase de mutation, enrichissant ainsi ses propres expériences avec celles du monument, qui deviendra dès lors «son Monument».

La proposition de «Restauration ouverte» poursuit cette fin: Rendre également possible la visualisation physique des interventions, des transformations que dont le monument fait l'objet et qui ont été décidées dans un large consensus. Faire que le citoyen «ressente» que c'est lui-même qui rend possible cette nouvelle étape, que c'est lui qui «fait» le monument, qui lui redonne vie, qui l'utilise et en profite.

Dans le cas de la Vallée Salée, par ailleurs, les actions parallèles entreprises, et qui sont liées à l'activité intellectuelle ou culturelle issue des travaux réalisés dans ce cadre, pourront, pensons-nous, arriver à exercer une influence très positive dans l'établissement de nouveaux liens émotionnels et symboliques, puisque toutes ces activités seront perçues en prenant la Vallée Salée en tant que protagoniste, en favorisant en toute sécurité son intégration à l'histoire individuelle de chaque citoyen.

Nous sommes fermement convaincus que c'est la meilleure manière de garantir le futur de la Vallée Salée et celui de tous nos monuments, car nous sommes conscients du fait que ce modèle participatif de récupération du patrimoine ne peut aboutir à une simple expérience plus ou moins réussie, à une initiative appliquée ponctuellement dans la récupération d'un monument en situation extrême. Au contraire, ce que nous proposons, est d'essayer d'étendre et d'appliquer cette philosophie à toute une gestion intégrale du Patrimoine.

En Álava, nous nous y employons déjà avec la Cathédrale de Santa María et dans la Vallée Salée; la Basilique de San Prudencio de Armentia, après un début magnifique, nous avons de grands espoirs de réussite pour l'avenir.

Vous, les citoyens auxquels nous nous devons, vous avez la parole et dans vos mains se trouve, si vous restez conséquents dans vos droits et vos devoirs, la véritable force motrice pour y parvenir.

sibility would try to be maintained at all times in such a way that the citizen might naturally link their previous perceptions with those of this phase of mutation, thus enriching their own experiences with those of the monument, which will henceforth become "their Monument."

The "Open restoration" proposal pursues the following aim: to make it also possible to physically visualize the intervention work, the transformations which the monument is undergoing and which have been decided on with the maximum possible consensus –to make the citizen "feel" that they themselves are the one who makes this new stage possible, which is the same one who "makes" the monument, who gives it a new lease of life, who uses it and enjoys it.

Furthermore, we think that in the case of the Salt Valley, parallel actions which are being embarked on and which are related to the intellectual or cultural activity resulting from the work being carried out in it, might end up having a very positive influence on the establishment of new emotional and symbolic bonds, as all these activities will be perceived from the standpoint of the Salt Valley playing the leading role, favouring its incorporation into the individual history of each citizen with complete certainty.

We are fully convinced that this is the best guarantee for the future of the Salt Valley and that of any of our monuments, as we are aware that this participatory model of heritage recovery cannot end up being a mere experiment that turns out to be more or less successful, an initiative applied occasionally to the recovery of a monument facing an extreme situation. On the contrary, what we propose is that an attempt be made to extend and apply this working philosophy to the entire integral management of heritage.

In Álava, we are already doing this at St. Mary's Cathedral and in the Salt Valley; at the San Prudencio Basílica in Armentia, following a magnificent start, we have high hopes of achieving this in the future.

You, the citizens who we have a duty to, you have the last word, and in your hands, being consistent with your rights and duties, is the true driving force needed to achieve it.

La Vallée Salée en images

The Salt Valley in images

1 L'origine du sel. Le Diapir de Salinas de Añana

Au cours de la période du Trias (entre 251 et 208 millions d'années), à une époque où tous les continents étaient réunis formant le continent appelé Pangée, Salinas de Añana était immergée sous un grand océan. L'évaporation de ses eaux provoqua le dépôt de grandes couches d'évaporites dans le fond qui, avec le temps, furent recouvertes d'autres strates.

1 The origin of salt. The Diapir of Salinas de Añana

During the Triassic period (between 251 and 208 million years ago), at a time when all the continents were joined together forming the continent known as Pangea, Salinas de Añana was submerged under a great ocean. The evaporation of its waters led to the depositing of large layers of evaporites on the ocean bed which, over time, became covered by other strata.

1 Diapir de Añana
Diapir of Añana

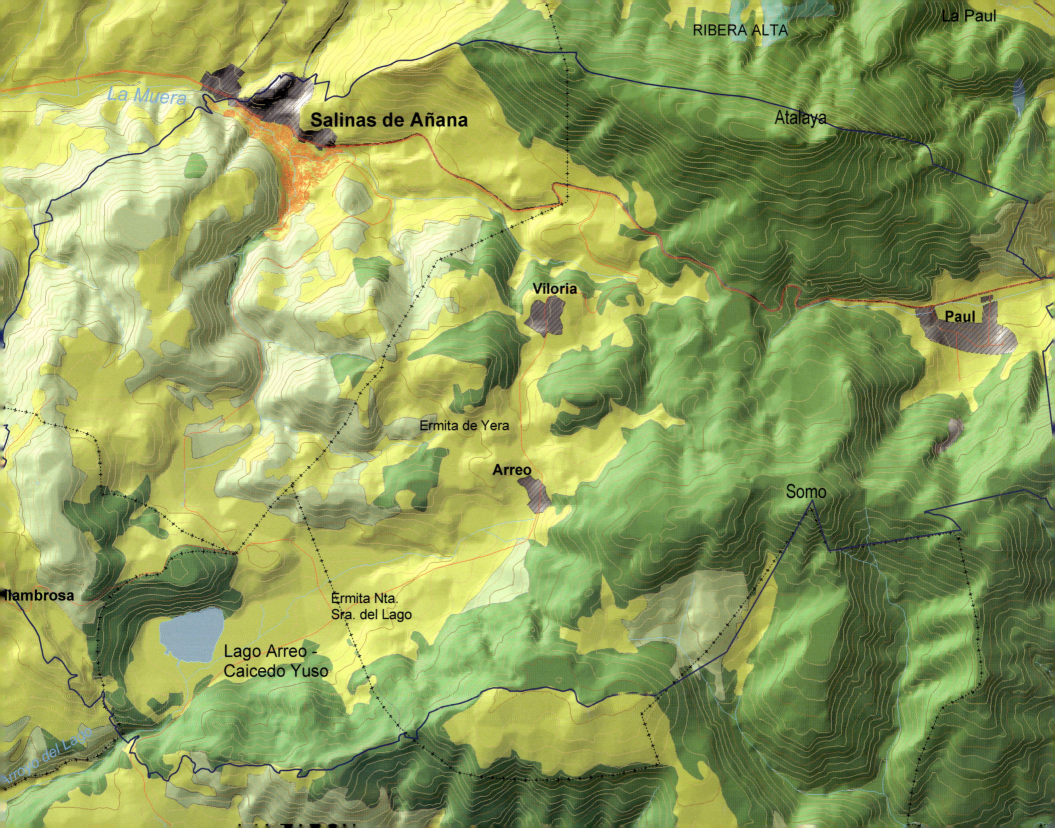

La présence de sel à Añana s'explique par le phénomène géologique nommé Diapir. Dans les grandes lignes, il consiste en l'ascension vers la surface terrestre de substances plus anciennes en raison de leur faible densité, comme une bulle d'air plongée dans un liquide présente un mouvement ascendant. Ce processus particulier a débuté dans le cas qui nous occupe il y a près de 220 millions d'années, lorsque les roches évaporitiques du Trias en phase Keuper -situées à quelque 5 kilomètres de profondeur- commencèrent à remonter vers la surface, entraînant avec elles les matériels qui caractérisent le paysage salin: cargneules, ophites, calcaires, marnes, argiles, etc. Ce processus est encore actif.

L'eau de pluie se déposant sur le Diapir traverse, en premier lieu, les strates supérieures de la roche, puis les couches de sel, affleurant de nouveau à la surface sous forme de résurgences hypersalines. L'ensemble des sources se trouvant à Añana apportent un débit moyen de 3 litres par seconde, et présentent une salinité moyenne supérieure à 250 grammes par litre.

Le système hydrologique lié au Diapir s'achève dans le lac Arreo, dont les eaux, en raison de sa situation dans un bassin fermé sur des évaporites, sont à caractère salin. Le lac de Salinas de Añana contient des dépôts présentant une importante information paléoenvironnementale et paléoclimatique, ainsi qu'une biodiversité typique des zones humides, ce qui mené à des mesures de préservation à travers son inscription à la liste RAMSAR des zones humides d'importance internationale.

The existence of salt in Añana is explained by the geological phenomenon known as diapir. Broadly speaking, this consists of the rising towards the surface of older materials due to their lower density, in the same way as an air bubble immersed in liquid rises. In the case we are referring to here, this particular process commenced around 220 million years ago, when evaporitical rocks from the Triassic period in Keuper facies –situated at a depth of around 5 kilometres– started to rise to the surface, dragging with it the materials that characterize the landscape of the salt works: carniola, ophite, limestone, loam and clay, etc. This process is still active.

The rain water which fell on the diapir firstly passed through the upper rock strata, followed by the layers of salt, emerging again on the surface in the form of hypersaline emergences. The set of springs existing in Añana provide an average flow of 3 litres per second, with an average salinity of over 250 grammes per litre.

The hydrological system related to the diapir is completed with Lake Arreo, whose waters are saline owing to its location in a basin above evaporitical deposits. Both the lake and Salinas de Añana contain deposits with important paleoenvironmental and paleoclimatic information, in addition to biodiversity that is typical of wetlands. This has resulted in the need to preserve them by including them in the RAMSAR list of wetlands of international importance.

1 Église de Biloria
  Biloria Church

2 Lac de Caicedo-Yuso
  Lake Caicedo-Yuso

3 Vue verticale des salines en 1968 (Service de l'Urbanisme de la D.F.A.)
  Vertical view of the salt works in 1968 (Town Planning Dept. of the Provincial Council of Álava)

2 Histoire de la Vallée Salée

Se lancer dans un résumé de l'évolution historique de la vallée appelée Añana, comme elle apparaît dans un document de l'an 942, constitue une tâche qui s'avère toujours partielle et incomplète. Ceci est dû au fait que nous nous trouvons devant l'un des gisements clés de la compréhension historique, non seulement de l'espace salin et de son noyau de population, mais également de la formation et de l'évolution des territoires historiques dont elle a fait partie au cours du temps.

2 History of the Salt Valley

Summarizing the evolution throughout history of the valley known as Añana, as it is referred to in a document dating from the year 942, is a task that will always be partial or incomplete. This is due to the fact that we are referring to one of the key sites in our understanding of history, not only of the salt making area and its town bearing the same name, but also because of the formation and evolution of the historic territories of which it has formed a part throughout time.

1 Vue générale des Salines de Añana dans les années 60 du XXe siècle (Fonds Paysages espagnol)
General view of Salinas de Añana in the 1960s (Spanish Landscapes Collection)

L'importance de la vallée salée réside dans le fait que compte tenu de la transcendance du sel au long de l'Histoire, et du maintien d'une activité continue sur un même lieu, elle dispose d'une copieuse information documentaire et archéologique[1].

Les origines de l'exploitation saline sont, en l'état actuel de nos connaissances, difficiles à déterminer, la seule source d'informations dont nous disposons étant archéologique. Jusqu'ici, n'ont été réalisées que des prospections au cours desquelles a été recueilli du matériel -essentiellement céramique- ayant servi à localiser d'éventuels gisements et fournissant une fourchette chronologique.

Les informations issues de ces interventions nous présentent une séquence de l'habitat qui débute aux deux extrémités de la vallée -à proximité des rives de la rivière Muera-, où ont été localisés plusieurs gisements datés de l'époque Énéolithique/Âge du Bronze. Elle se poursuivrait dans un grand gisement de l'Âge du Fer situé dans la commune de la Isilla, et serait suivie -à l'époque romaine déjà- de plusieurs implantations en aval de la vallée, à proximité des localités de Espejo et Tuesta.

Le lien de ces implantations situées aux environs de la Vallée Salée avec les voies de communication de l'époque romaine semble indiscutable. N'oublions pas, qu'à quelques kilomètres, s'étendait un tronçon de la voie XXXIV qui reliait Astorga à Bordeaux et qui, à travers la rivière Omecillo, unissait Deobriga -identifiée selon les dernières études archéologiques à Arce/Mirapérez (Miranda de Ebro)- à Flaviobriga, localisée à Castro Urdiales.

The importance of the Salt Valley lies in the fact that, due to the importance of salt throughout history and the maintaining of continued activity in the same place, it contains much documentary and archaeological information[1].

The origins of salt making are, according to what we currently know, difficult to pinpoint, due to the fact that the only source of information we have available to us is archaeology. So far, only prospecting has been carried out in the course of which materials have been collected —mainly pottery— which has helped to locate possible archaeological sites and provide them with a chronological fork.

The information which these operations have supplied provide us with a habitat sequence that commences at both ends of the valley —on the banks of the Muera River— where several sites dated during the Bronze Aenolithic are located. This would have its continuation in a large Iron Age site located in the municipality of Isilla, followed by several settlements —now in Roman times— located in the lower part of the valley, in the vicinity of the towns of Espejo and Tuesta.

The link between these settlements located around the Salt Valley and the communication routes dating from Roman times would seem to be beyond dispute. It should not be forgotten that just a few kilometres away passed a branch of the Via XXXIV that linked Astorga with Bordeaux and which, via the Omecillo River, linked Deobriga

1 Jusqu'ici, et dans le cadre du Plan directeur, a été publié un livre dont nous extrayons une bonne partie de l'information que nous présentons ici (Plata Montero, A., 2006, *El Ciclo productivo de la sal y las salinas reales a mediados del siglo XIX*, Vitoria - Le cycle productif du sel et les salines royales au milieu du XIXe siècle), par ailleurs a été élaborée une thèse doctorale spécifique sur les salines (Plata Montero, A., Estudio histórico-constructivo del valle salado de Salinas de Añana (Étude historique et constructive de la vallée salée de Salinas de Añana).

1 So far and within the framework of the Master Plan, a book has been published from which we have taken quite a lot of the information provided here (Plata Montero, A., 2006, *El Ciclo productivo de la sal y las salinas reales a mediados del siglo XIX*, Vitoria) and a PhD thesis specifically about the salt pans has been carried out (Plata Montero, A., Estudio histórico-constructivo del valle salado de Salinas de Añana).

1 Photographie de la muraille primitive de Salinas. Sa construction date de la première moitié du XIIe siècle
Photograph of the original town wall of Salinas. Its construction dates back to the first half of the 12th century

En définitive, et bien que les informations archéologiques disponibles soient souvent partielles et hypothétiques, il est possible d'aborder l'hypothèse d'évolution suivante: l'exploitation des affleurements de saumure a pu débuter à la Préhistoire, elle s'est poursuivie pendant la période romaine dans des noyaux d'habitat localisés à proximité -correspondant peut-être au grand gisement romain situé à Espejo connu sous le nom de «Las Ermitas» avec la Salionca romaine citée par Ptolémée-, elle a persisté jusqu'à la fin de l'Antiquité, et son importance est confirmée à travers la première mention écrite de son existence en date du 18 novembre 822.

Les premiers documents relatifs à Añana marque un point d'inflexion dans la connaissance historique de la vallée. Le besoin croissant de sel dans une économie émergente mène les institutions et les élites détentrices du pouvoir au cours du Xe siècle -bien qu'essentiellement aux XIe et XIIe siècles- à s'intéresser non seulement à la prise de possession de la matière première, mais également à des zones de production et aux sauniers qui y travaillent.

Salinas de Añana n'apparaît en réalité, en tant que noyau de population, qu'au milieu du XIIe siècle. Les références documentaires préalables à cette chronologie mentionnent toujours une exploitation saline située dans une vallée connue sous le nom de Añana (désignée en 1081 *in loco Salinarum de Aniana*), à proximité de laquelle se trouvait -au moins depuis l'an 945- une série de hameaux (Fontes, Villacones, Villanueva, Terrazos, Orbón et Santa María)

–identified according to the latest archaeological studies with Arce/Mirapérez (Miranda de Ebro)– with Flaviobriga, located in Castro Urdiales.

In short and although the archaeological information available is partial and hypothetical in many cases, it is possible to consider the following evolutionary hypothesis: the exploitation of the emergence of brine may have commenced in prehistoric times, continued during the Roman era in inhabited places in the vicinity –with the great Roman site located in Espejo known as "Las Ermitas" ("The Chapels") perhaps referring to the Roman Salionca mentioned by Ptolemy– persisted during the Late Antiquity and, with the first written mention of its existence dating from 18th November of the year 822, its importance is confirmed.

The documentary christening of Añana marks an inflection point in our knowledge of the history of the valley. The growing need for salt in an emerging economy meant that the institutions and elite that held power during the 10th century –albeit mainly during the 11th and 12th centuries– were interested not only in gaining possession of the raw material, but also in the productive areas and the salt makers who worked there.

Salinas de Añana did not really exist as a town until the mid-12th century. Documentary allusions prior to this chronology always refer to a salt works which was located in a valley known as Añana (in 1081, it was referred to as *in loco Salinarum de Aniana*), in whose environs were situated a series of

1 Vue de Salinas de Villacones (A.T.H.A. Fonds Guereñu. Sign. 14.141)
View of Salinas from Villacones (A.T.H.A. Guereñu Collection. Sign. 14.141)

2 Vue générale de la vallée en pleine production (A.T.H.A. Fonds Guereñu. Sign. 14.137)
General view of the valley in full production (A.T.H.A. Collection. Sign. 14.137)

où habitaient les personnes qui travaillaient aux salines. Ce réseau de peuplement est ce qui donna lieu, après un processus long et complexe au cours duquel intervinrent de nombreux facteurs (spatiaux, de population, politiques, administratifs, productifs, etc.) à la ville de Salinas.

La concession aux habitants de la vallée, de la part d'Alphonse 1er le Batailleur (1104-1134) du premier «fuero» cédé à l'actuel territoire de la Communauté autonome basque, assura les bases du pouvoir des monarques et contraint l'aristocratie laïque et ecclésiastique à se replier et à modifier la politique en vigueur dans la vallée. Dès lors, ils s'employèrent à obtenir de la faveur royale, le maintien intégral de leur patrimoine et la conquête de privilèges permettant le libre transport et le commerce de leur production.

On pense que la confirmation de la charte forale souscrite par Alphonse VII en 1140, faisait partie du projet économique de ce roi visant à monopoliser une ressource qui lui procurait d'importants revenus, ce qui le mena à le réglementer juridiquement et légalement - au moyen de l'ordonnance de Nájera de 1137.

On apprécie dans le texte du «fuero» l'intérêt porté par le roi non seulement à la promotion de son développement économique, mais également à la prise de contrôle des salines et des sauniers. A cet effet, il tenta de concentrer dans un seul noyau de population -jusqu'alors difficilement contrôlable du fait de la dispersion en plusieurs implantations situées aux abords de la vallée- en leur concédant des privilèges tels que l'exemption de péage pour la circulation

hamlets –at least since the year 945 (Fontes, Villacones, Villanueva, Terrazos, Orbón and Santa María), where individuals lived who worked the *granjas* (farms) making salt. This network of settlements is what the town of Salinas emerged from, following a long and complicated process in which numerous factors placed a part (regarding space, population, political, administrative and productive factors, etc.).

The granting by Alphonse I the Battler (1104-1134) of the first *fuero* (special charter) in the current territory making up the Basque Autonomous Region established the foundations of the monarchs' power and compelled the lay and ecclesiastical aristocracy to withdraw and change their policy of action in the valley. After that time, the focus turned to trying, by royal favour, to fully maintain its patrimony and gain the privileges that would facilitate the free transport and trade of its production

Confirmation of the Royal Charter signed by Alphonse VII in 1140 is believed to have been part of the economic project this king had to monopolize a resource which provided him with a major source of income, and which led him to regulate it legally by means of the Najera legislation of 1137.

In the text of the charter, special interest shown by the King may be noted not only in encouraging its economic development, but also in gaining control of the salt works and the salt makers. To this end, he attempted to concentrate the population in a single town –hitherto difficult to control as the inhabitants lived in small scattered settlements located around

the valley– by granting them privileges such as exemption from payment of the toll being levied for transporting the salt, the free use of mountains, meadowland and water, and the chance to hold a weekly market. This concentration of the population in a town owned by the Crown came into direct conflict with the interests of the monasteries, who enjoyed the greatest presence in the valley (San Salvador de Oña, San Millán de la Cogolla and Santo Domingo), whereby the King, to prevent any confrontation, granted all the inhabitants the aforementioned privileges and, at the same time, respected the legal system of their place of origin, whether owned by the Crown or abbatial.

The political strategy would appear to have borne fruit, and both productive and mercantile activity intensified. Notwithstanding, progress was affected periodically, as this depended to a large extent on the firmness of the power of the Monarch on the throne at the time. If the command evidenced weakness, the aristocracy would take advantage of the situation to impose their will, even violently, in order to obtain maximum profitability.

A clear example of the periods of power vacuum which directly affected Salinas de Añana was the loss of its status as being owned by the Crown in 1308, when it became part of the domain of the manor of the Huelgas monastery in Burgos. This concession, which transformed the town partly into an ecclesiastical manor, was granted by Ferdinand IV via the Infanta Doña Blanca of Portugal, the Lady of las Huelgas, and later confirmed by Alphonse XI via his

1 Photographie du monastère de San Juan de Acre et de la Vallée salée (A.T.H.A. Fonds Guereñu. Sign. 3.204)
Photograph of the monastery of San Juan de Acre and the Salt Valley (A.T.H.A. Guereñu Collection. Sign. 3.204)

2 Image du couvent à l'heure actuelle
Image of the convent as it is today

3 Rollo de ajusticiamiento de Salinas (colonne de jugement) avec l'écusson des Sarmiento, comtes de Añana à partir du XVe siècle
Execution post of Salinas with the coat of arms of the Sarmiento family, the Counts of Añana since the 15th century

4 Écu des Zambrana
Coat of arms of the Zambrana family

du sel, la libre utilisation de montagnes, prés et eaux, et la possibilité d'organiser un marché hebdomadaire. Cette concentration de la population au sein d'une cité du domaine royal se heurtait directement aux intérêts des monastères les plus présents dans la vallée (San Salvador de Oña, San Millán de la Cogolla et Santo Domingo), le Roi, pour éviter tout affrontement, concédant à tous les habitants les privilèges mentionnés précédemment, en respectant dans le même temps, le régime juridique du lieu d'origine, qu'il fut du domaine royal ou abbatial.

La stratégie politique sembla avoir porté ses fruits et l'activité productrice comme l'activité commerciale s'intensifièrent. Toutefois, leur progression fut altérée régulièrement, car elle dépendait dans une grande mesure de la fermeté du pouvoir du monarque qui s'asseyait sur le trône. A la moindre faiblesse du pouvoir, l'aristocratie tirait profit de la conjoncture pour imposer sa volonté, y compris de manière violente, afin d'accaparer une rentabilité économique maximum.

Un exemple des étapes de vide de pouvoir ayant affecté directement Salinas de Añana fut la perte de sa qualité de domaine royal en 1308, lorsqu'elle passa à faire partie du domaine seigneurial du monastère de las Huelgas de Burgos. Cette concession, qui fit de la ville une partie de la seigneurie ecclésiastique, fut concédée par Fernand IV à travers l'Infante Blanche du Portugal, alors dame de las Huelgas, et confirmée par Alphonse XI à travers sa sœur l'Infante Léonore. Des années plus tard, la seigneurie fut remise à Blanche, fille de l'Infant Pierre, à qui, Alphonse XI lui-même

sister the Infanta Doña Leonor. Years later, the manor was handed over to Doña Blanca, daughter of the Infante Pedro, to whom Alphonse XI himself transferred the town in 1350. It then became part of the royal patrimony. The situation changed again under Henry II, who definitively granted the Manor of Añana to the lineage of the Sarmiento family, henceforth entitled the Counts of Salinas.

The town, like the rest of the territory, suffered greatly from the tensions and disputes that were widespread among the nobility in the area during the Late Middle Ages. In the documentation preserved from this period, it can be clearly traced back to the 13th century, this being the situation which drove the Town Council of Añana to form part of the Brotherhood of Castile that was founded in 1295, subsequently belonging to the General Brotherhood of all the kingdoms and finally forming part of the Brotherhood of Álava in 1460.

As far as mercantile activity is concerned, special mention should be made of the continued conflict between the different salt works in Castile for control of the exclusive areas of sale. In this conflict of interests, Añana became favoured on numerous occasions, as is demonstrated by the fact that Sancho IV confirmed the monopoly on the sale of salt over a wide territory under the jurisdiction of the Town Council of Salinas.

The exclusive trading privileges enjoyed by the town were cancelled by Philip II in 1564 when all the Kingdom's salt factories passed into the hands

aliéna la ville en 1350, la faisant passer à nouveau dans le patrimoine royal. La situation changea à nouveau avec Henri II, qui concéda définitivement la Seigneurie de Añana au lignage des Sarmiento, prenant dès lors le titre de Comtes de Salinas.

La cité, comme le reste du territoire, fut victime dans une grande mesure des conflits seigneuriaux qui sévissaient dans la région au cours du Bas Moyen-Âge. Dans les documents conservés de cette période, il est possible d'apprécier ces indices dès le XIIIe siècle, cette situation étant celle qui poussa le conseil de Añana à faire partie de la Confrérie de Castille, créée en 1295, à appartenir ensuite à la Confrérie générale de tous les royaumes créée en 1315, et finalement, à s'intégrer en 1460 à la Confrérie de l'Álava.

Pour ce qui est de l'activité commerciale, il convient de mentionner l'affrontement continu entre les différentes salines castillanes pour le contrôle des zones exclusives de vente. Dans cette lutte d'intérêts, Añana fut favorisée à de nombreuses reprises, comme le démontre le fait que Sanche IV ait confirmé au Conseil de Salinas le monopole des ventes du sel sur un vaste territoire.

Les privilèges du commerce exclusif que détenait la ville furent annulés par l'intégration à la Couronne de toutes les fabriques de sel du royaume à l'instigation de Philippe II en 1564, la saline de Burgos de Poza de la Sal, entre autres, étant favorisée par ce changement de conjoncture. Toutefois, cette situation ne fut qu'éphémère, car les protestations réitérées adressées au Roi par la Communauté des

of the Crown, with the Poza de la Sal salt works in Burgos, among others, being favoured by the change in the situation. Notwithstanding, this situation was ephemeral, as the repeated protests raised against the King by the Community of Heirs/Knights of the Reales Salinas de Añana favoured an agreement with the Royal Treasury, whereby 30,000 *fanegas* (grain measure = 1.58 bushels) of salt would be purchased annually. This agreement, which financially benefited all the parties involved, nonetheless signalled the onset of the continuous decline of the productive structures in the valley. Following its signing, the community of owners tried to gain maximum financial yield from their salt works with the minimum effort, to the extent that they set about producing the amount of salt duly agreed upon and investing the least amount of money possible in the upkeep of the valley.

The state of deterioration evidenced by the salt works meant that the Crown had to intervene in 1594 – the year when an offer was made to increase the price paid for the salt in exchange for the private owners undertaking to repair their *granjas*. The community's response was to accept the rise in price, but to delay repair work until the Treasury desisted from its efforts. It was not until the end of the 18th century and beginning of the 19th century, with the Bourbon reforms of the administration of the *ancien régime*, that the State –aware of the productive capacity of the Salt Valley– compelled its owners to undertake the reforms and extension, at

1 Privilège des limites de vente de Salinas de Añana de l'année 1477 (A.T.H.A. Fonds spéciaux. Section Salinas. Sign. 1.19)
Concession of the limits of sale of Salinas de Añana from the year 1477 (A.T.H.A. Special Collections. Salinas Section. Sign. 1.19)

2 Vue générale de Salinas de Añana entre 1930 et 1950 (A.T.H.A. Fonds Gureñu. Sign. 3.192)
General view of Salinas de Añana between 1930 and 1950 (A.T.H.A. Gureñu Collection. Sign. 3.192)

Chevaliers héritiers des Salines royales de Añana, furent à l'origine d'un accord avec les Finances royales à travers lequel elles s'engageaient à acquérir annuellement 30.000 fanègues de sel. Ce traité, qui bénéficiait économiquement à toutes les parties impliquées, constitua cependant le début de la ruine continue des structures productives de la vallée. Après sa signature, la communauté de propriétaires tenta de tirer au maximum profit de ses exploitations avec un effort minimum. Ils se mirent à produire le volume de sel convenu et à investir le moins possible dans le maintien de la vallée.

L'état de dégradation que présentait la saline poussa la Couronne à intervenir en 1594, année au cours de laquelle fut proposée une augmentation du prix payé pour le sel en échange d'un engagement des propriétaires à procéder aux réparations des exploitations. La réponse de la communauté fut d'accepter une hausse du prix, mais de retarder les travaux jusqu'à ce que la Couronne abandonne tout effort. Ce n'est qu'à la fin du XVIIIe et début du XIXe siècle, avec les réformes bourboniennes de l'administration de l'Ancien Régime que l'État, conscient de la capacité de production de la Vallée Salée, contraignit ses propriétaires à les réformer et les agrandir, imposant simultanément une série de critères de construction des infrastructures de production de sel, par la méthode appelée «a lleno».

Les excellentes qualités du sel obtenu après la restructuration de la vallée motivèrent la Communauté des Héritiers des salines à présenter leur

the same time imposing a series of construction criteria for the purpose of producing salt by the method known as "a lleno".

The excellent qualities of the salt obtained after the valley was remodelled encouraged the Community of Heirs of the salt works to exhibit their product in the Universal Exhibition in London in 1851, where they were awarded with an honorary mention and a Bronze medal.

Lastly, mention should be made, as part of the important events in the history of Añana, of the repercussions of the overthrowing of Isabella II in 1868 and the liberal Constitution of 1869, as it was in that same year when the Mines Act was passed which put an end to the salt monopoly that the Crown had imposed for over three centuries.

The main consequences of the new law were, on the one hand, the ripping up of the convenient contract of sale of 30,000 fanegas which the Álava salt makers maintained with the Treasury and, on the other, the liberalization of the sector, both in terms of the area of production and its commercialization.

The 20th century has been the most variable in the valley's history in all respects. The first half was characterized by being a period of maximum splendour, with up to 5,648 salt pans being worked, whereas the second half was defined by being the phase in which production was abandoned.

The decline in salt making activity was due, among other factors, to the introduction of improvements in the production of coastal salt works,

produit à l'Exposition universelle de Londres en 1851, à laquelle ils reçurent une mention honorifique et une médaille de bronze.

Enfin, il convient de mentionner comme faisant partie des événements importants de l'histoire de Añana, les répercussions du renversement de Isabelle II en 1868 et la Constitution de 1869 franchement libérale, c'est en cette même année que fut promulguée la loi Ley de Minas mettant fin au monopole du sel que la Couronne avait imposé pendant plus de trois siècles.

Les principales conséquences de la nouvelle loi furent, d'une part, la rupture d'un confortable contrat de vente de 30.000 fanègues pour les sauniers alavais envers les Finances royales, et d'autre part, la libéralisation du secteur, tant en matière de production que de commercialisation.

Le XXe siècle a été pour la vallée le siècle le plus variable à tous les points de vue. La première moitié se caractérise par la splendeur de cette période, l'exploitation atteignant jusqu'à 5.648 aires, alors que la seconde moitié se distingue par une phase d'abandon.

La décadence de l'activité saline est due, entre autres facteurs, à l'introduction des améliorations dans la production des salines côtières, la mise en exploitation de nombreux gisements de sel gemme, et l'installation de lignes ferroviaires, qui firent baisser les coûts de transport, et donc, le prix final du sel. La nouvelle conjoncture eut pour conséquence à Añana de faire fuir la population active vers des régions industrielles et l'abandon de la Vallée Salée, dont les structures -requérant une attention permanente- commencèrent à se détériorer rapidement.

with production being started at numerous sites containing rock salt, and the laying of railway lines. The latter would reduce the cost of transport and therefore the final price of the salt. The new situation led to the population of Añana leaving the town for industrial areas and the subsequent lack of upkeep of the Salt Valley, whose structures –in need of continuous maintenance– quickly started to fall into disrepair.

1 Travaux de collecte du sel
(Fonds Gatzagak)
Salt collection work (Gatzagak Collection)

3 Description des salines

La vallée se compose principalement de sources, de canaux, de puits, d'aires et d'entrepôts. Ces structures ne sont pas demeurées immuables dans le temps, et se sont transformées, afin d'augmenter leur productivité, grâce à la connaissance empirique développée pendant des générations par les sauniers eux-mêmes.

3 Description of the salt works

The valley is made up mainly of springs, channels, wells, salt pans and stores. These structures have not remained unchanged over time, but rather have been transformed in order to increase their productivity – thanks to the empirical knowledge developed over generations by the salt makers themselves.

1 Ères en production
Salt pans in production

La trame productive

Sources

Les sources sont des résurgences qui fournissent la saumure au niveau de la surface de manière naturelle et continue et permettent ainsi de l'utiliser sans perforation ou pompage. Il en existe un grand nombre dans le Vallée Salée et aux alentours, mais quatre d'entre elles seulement sont exploitables, car leur débit est permanent (près de 2,4 litres par seconde), et leur degré de salinité est proche de la saturation (210 grammes par litre).

Le nom de la source principale est Santa Engracia et son importance réside dans le fait qu'elle fournit plus de la moitié du total de l'eau salée émanant des salines. Par ailleurs, elle présente l'avantage de se trouver au plus profond de la vallée, sa saumure arrivant de manière naturelle à la quasi-totalité de l'ensemble du site de production. Cette source se trouve à proximité de la naissance de la rivière Muera, et son aspect actuel n'a que très peu à voir avec celui qu'il a présenté tout au long de l'histoire, des inondations ayant rasé la zone à la fin du XVIIIe siècle et une rénovation réalisée dans les années quatre-vingt du XXe siècle l'ayant transfigurée. Jusqu'à la date de ces travaux, la zone consistait en un creux ouvert dans le sol de plan carré avec des parois renforcées par un châssis en bois. L'eau excédentaire était recueillie par une autre structure de sortie moins importante à quelques mètres de là.

The productive framework

Springs

The springs are emergences that supply the brine on the surface both naturally and continually, which enables them to be used without the need to drill holes or resort to pumping. There are many of them in the Salt Valley and the surrounding area, but only four are useable, as they have a permanent flow (around 2.4 litres per second) and the degree of salinity is close to saturation point (210 grammes per litre).

The main spring is called Santa Engracia and its importance lies in the fact that it provides over half of the total amount of salt water emanating from the salt works. Moreover, it has the added advantage of the fact that, being situated at the highest point of the valley bottom, its brine reaches practically the entire production complex naturally. This spring is very close to the source of the Muera River and its current appearance has little to do with that throughout much of history, given that a flood devastated the area at the end of the 18th century and restoration work carried out in the 1980s disfigured it. Until this work was carried out, it consisted of a rectangular exposed hollow in the ground whose walls had been reinforced by wooden frames. The surplus water is collected from another smaller outlet located just a few metres away from it.

1, 2, 3 Source captive de Santa Engracia
Captive spring of Santa Engracia

L'apparence extérieure du reste des sources salines (La Hontana, El Pico et Fuentearriba) est similaire à celle qu'a traditionnellement présentée Santa Engracia. Il s'agit de creux de forme irrégulière ouverts dans le sol dont les faces latérales et le fond sont recouverts d'argile destinée à les imperméabiliser. Les deux premières fournissent de la saumure par les mêmes canaux que la source principale. Toutefois, celle de Fuentearriba ne fournit de l'eau salée qu'à un espace concret de la Vallée Salée qui, historiquement, était une propriété privée et fonctionnait de manière autonome.

The external appearance of the other saline springs (La Hontana, El Pico and Fuentearriba) is similar to the traditional appearance of Santa Engracia. They are rectangular, uneven open hollows in the ground whose sides and bottom are finished off with clay in order to make them watertight. The first two supply brine to the same channels as the main spring. However, the Fuentearriba one only supplies salt water to a specific area of the Salt Valley which has historically been privately-owned and been run independently.

1, 3 Source de la Hontana
La Hontana spring

2 Saumure dans la Source de Santa Engracia
Brine in the Santa Engracia spring

Le transport de la saumure. Canaux

Le transport de la saumure à chaque recoin de l'exploitation est déterminé par la situation des sources dans la partie la plus élevée de la Vallée Salée, l'emplacement des réservoirs de stockage du liquide, l'extension des surfaces d'évaporation et le processus de fabrication du sel lui-même.

Le transport est réalisé de manière continue et par gravité à travers un réseau de canaux appelés «rollos». Bien qu'à l'origine, il ne se soit agit que de tranchées creusées dans la terre, après les importants travaux de restructuration de la vallée au début du XIXe siècle, elles furent remplacées par des troncs de bois, généralement du pin, travaillés à l'herminette pour leur donner la forme de canaux ouverts. On plaçait une canalisation à la suite de l'autre de manière longitudinale, elles étaient alors emboîtées au moyen de feuillures faites dans le bois, les sauniers créant ainsi un système de transport très efficace.

Le système de distribution principal –avec plus de trois kilomètres de long– débute son parcours à la source de Santa Engracia dans un canal unique qui se divise en deux dans un réservoir appelé «Partidero», du coté oriental coule le Royo de Suso et occidental le Quintana. Par le premier, arrivent douze parties de la saumure provenant de la source et dans le second treize. A courte distance du répartiteur, dans ce que l'on appelle «Celemín», il se divise à nouveau en deux. Celui qui approvisionne le flanc est de la vallée transporte trois cinquièmes de l'eau salée, et porte

Transportation of the brine. Channels

Piping the brine to all the corners of the salt works is determined by the location of the springs at the highest part of the Salt Valley, the location of the liquid storage tanks, the size of the evaporation surfaces and the salt production process itself.

Transportation was continuous and by gravity via a series of channels known as *royos*. Although many of them were simply ditches dug out of the ground, they were replaced by wooden logs –generally pine– following the major remodelling work carried out on the valley at the beginning of the 19th century. These logs were worked with adzes until they took on the right shape of open channels. By laying piping beyond the latter longitudinally and fitting them using rabbets in the wood, the salt makers created a very effective piping system.

The main distribution system –of over three kilometres in length– starts its journey at the Santa Engracia spring in a single channel which is divided in two in a tank known as a *partidero*; on the eastern side flows the Royo de Suso and on the western side that of Quintana. Twelve parts of the brine which emerges from the spring flow along the former and thirteen from the latter. A short distance from the *partidero*, in what is known as the *celemín* or distributor, it is once again divided in two. The one supplying the eastern side of the valley arrives as three-fifths salt water and continues to be known

1 Canal appuyé sur le puits de la fabrique
  Supported channel in stone well

2 Répartiteur
  ***Partidero* tank**

3 Royo Quintana
  Quintana *royo* channel

Description des salines **Description of the salt works** 91

1. Évacuation vers le puits
   Drainage channel to well

2. Débit de la source de Santa Engracia
   Flow of the Santa Engracia spring

3. Évacuation de la source de la Hontana
   Drainage channel of the La Hontana spring

4. Puits de passage à Santa Engracia
   Well through water flows in Santa Engracia

encore le nom de «Quintana», celui qui provient de la zone centrale est dénommé «Medio» (milieu) ou «Meadoero», et transporte les deux parts restantes.

La variété des lieux par lesquels passent les canaux contraint à disposer de supports divers. Certains tronçons reposent directement sur les aires ou sur le terrain lui-même. Toutefois, le support le plus habituel consiste en l'installation de pieds droits de bois en dessous du canal, dont la hauteur permet de contrôler la cote nécessaire pour que la saumure circule par gravité. Dans certains cas, les solutions adoptées sont plus complexes. Par exemple dans la région de Terrazos où, pour faire en sorte que le liquide traverse la rivière et préserve l'important dénivellement du versant pour approvisionner la zone de Santa Ana, les sauniers construisirent un aqueduc complexe formé de châssis de bois qui pouvaient atteindre jusqu'à huit mètres de hauteur.

as "Quintana" and the one originating from the central area is known as the *Medio* or *Meadero* and transports the remaining two-fifths.

The variety of places through which the channels need to be propped up by the supports is diverse. Some sections rest directly on the salt pans or above the land itself. Notwithstanding, the most customary support consists of placing straight wooden feet below the channel, the height of which enables the height required for the brine to flow by gravity to be controlled. In some cases, the solutions adopted are more complex - for instance, in the Terrazos area where the salt makers built an aqueduct complex comprising wooden frames reaching eight metres in height in order for the liquid to pass through the river and thus avoid the major drop on the hillside, so as to supply the Santa Ana area.

1 Royo Quintana
   Quintana *royo* channel

2 Aqueduc de Royo de Suso
   (A.T.H.A. Fonds Guereñu. Sign. 3.188)
   Aqueduct of the Suso royo channel (A.T.H.A. Guereñu Collection. Sign. 3.188)

3 Tête du canal à Santa Engracia
   Head of channel in Santa Engracia

Description des salines **Description of the salt works** 95

1. Branchement de la source de la Hontana au ruisseau Quintana
   Connection from the La Hontana spring to the Quintana *royo* channel

2. Appui de canal sur pied droit
   Channel support on straight foot

3. Changement de direction du canal
   Change of direction in channel

4. Détail du canal
   Close-up of channel

5. Vue de canaux à leur passage par la vallée
   View of channels as they pass through the valley

Entreposer la saumure. Puits

Les réservoirs de stockage constituent le cœur des propriétés et leur remplissage la cause de la plupart des conflits entre sauniers. Ceci est dû à une quantité d'eau salée limitée en provenance des sources, au grand nombre d'aires existantes et à la concentration des tâches de production sur une période déterminée. Tout ceci explique le nombre élevé de puits présents dans les salines (actuellement 848), et le besoin de recourir à un règlement complexe de distribution et d'exploitation de la muera –appelé également «libro maestro» (livre maître)– reposant sur les titres de propriété privée et le système de répartition primitif acquis par leurs propriétaires.

La morphologie des puits est variée, mais à grands traits, on peut la diviser en quatre types: les puits extérieurs, les puits appelés «boquera», les puits chauffants et les puits d'encuvage:
• Les puits extérieurs peuvent être creusés dans la terre ou élevés au dessus du sol. Il s'agit généralement de structures construites en ciment et argile, ou châssis de bois, ils sont alors habituellement de forme prismatique.
• Les puits type «boquera» se distinguent parce qu'ils sont recouverts de plates-formes. Leur construction est plus complexe, et dans la plupart des cas, il s'agit d'anciens puits extérieurs ayant été rebouchés pour protéger la saumure et en même temps profiter de leur partie supérieure en tant que zone de production de sel.

Storing the brine. Wells

The storage tanks constitute the heart of the properties and their filling the reason for most of the disputes among the salt makers. This is due to the limited amount of salt water emanating from the springs, the great number of salt pans and the concentration of production work during certain months of the year. All this explains the large number of wells existing at the salt works (currently 848) and the need for complex regulation of brine distribution –also known as the master book– based on original rights of ownership acquired by their owners.

The morphology of the wells is varied, but broadly speaking may be divided into four types: those in the open-air ("exterior"), hollow-type ("boquera"), heater-type ("calentador") and vat-type ("encube"):
• The open-air wells can be dug out of the ground or raised above it. Generally speaking, they are structures built using masonry and clay or wooden frames, in which case they are often prismatic in shape.
• Hollow-type wells are characterized by being covered by the platforms. Their construction is very complex and in most cases, they are former open-air wells that have been covered to protect the brine while at the same time taking advantage of the upper space available for salt production.

1, 2 Puits de type boquera
Boquera "hollow-type" wells

1. Puits mixte
   Mixed well

2. Détail d'un puits type boquera
   Close-up of *boquera* "hollow-type" well

3, 4. Puits extérieur en argile
   Open-air clay well

100 Description des salines **Description of the salt works**

• Les puits chauffants sont des structures aux dimensions réduites réalisées généralement à l'aide de bois ou de brique. Leur fonction consiste à préchauffer le liquide avant de le verser dans l'aire afin d'accélérer, de cette manière, le processus de cristallisation.

• Un autre type de puits caractéristique du versant élevé de la vallée est le puits appelé de «encube» *(encuvage)*. La particularité qui le définit est que la saumure n'y parvient pas de manière naturelle, il est donc nécessaire de procéder à un remplissage manuel. Pour réaliser cette tâche, la Communauté des Héritiers engageait un «*Guarda Fontanero*», qui était chargé de remplir les puits en hiver, travail qui pouvait tarder jusqu'à trois mois.

• The heater-types are small structures generally made of wood or brick. They are used to pre-heat the liquid before it is poured into the salt pan, in this way speeding up the crystallization process.

• Another type of well which is characteristic of the higher areas on the sides of the valley are those known as *"encube"*. The specific nature that defines them is that the brine does not reach them naturally, whereby they need to be filled manually. To do this, the Community of Heirs used to contract a *"Guarda Fontanero"* (lit. "plumber guard"), who was the person in charge of filling the wells in winter – a task that could take three months to complete.

1 Bouche de saumure
  Brine *boquera*

2 Bouche de sel
  Salt *boquera*

3 Paroi de puits
  Well wall

4, 6 Puits extérieur en argile
  Open-air clay well

5 Puits extérieur de fabrique
  Open-air stone well

Évaporation. Aires

Le sel à Añana est obtenu par évaporation de l'eau contenue dans la saumure par des moyens naturels. Pour cela, on verse de la saumure sur des surfaces horizontales appelées bassins ou ères, dont la superficie varie entre douze et vingt mètres carrés.

Les groupes d'aires travaillées par un même propriétaire étaient appelés «granjas». Elles s'adaptaient à la complexe topographie du lieu, tant en termes de forme et que de hauteur, donnant lieu à des figures compliquées qui occupaient la plus grande partie de la Vallée Salée.

Les formes et les dimensions des 769 terrasses existantes sont conditionnées par leur emplacement. Pour obtenir des plates-formes à surface horizontale dans une vallée telle que celle de Añana, caractérisée par ses versants à pente prononcée, on a eu recours à une technique de création de terrasses soutenues par des murs de ciment (il en existe plus de 2.000 référencées), sur lesquelles s'appuyaient des châssis de bois. Généralement, les structures longilignes consistaient en un châssis horizontal qui s'appuyait sur les murs, qui à leur tour, faisaient office de support pour un autre châssis vertical formé de pieds droits. Concernant les surfaces de production nivelées, elles sont créées au moyen d'un autre châssis, formé à base de courroies et de planches, imperméabilisé à l'aide d'une épaisse couche d'argile.

Evaporation. Salt pans

Salt in Añana is obtained by means of the evaporation of water contained in the brine by natural means. To this end, the brine is poured onto horizontal surfaces known as *balsas* or *eras* (salt pools or pans), the surface area of which varies from between twelve and twenty square metres.

The groups of eras worked by the same owner are known as *granjas* (farms). These gradually adapt to the complex topography of the place, both in shape and in height, giving rise to complicated figures that take up most of the Salt Valley.

The shapes and sizes of the 769 existing terraces are conditioned by their location. To obtain platforms with a horizontal surface in a valley like that of Añana, characterized by its steep hillsides, the technique normally used has been to create terraces held up by masonry walls (over 2,000 of these have been documented), on which wooden frames are supported. Generally speaking, the linear structures consist of a horizontal frame which supports the walls and which, in turn, acts as a support for another vertical one with straight feet. As far as the levelled production surfaces are concerned, these are created using another frame made of straps and boards, which is made watertight using a thick layer of clay.

1 Vue de ères encadrant la rivière Muera
View of salt pans providing the setting for the Muera River

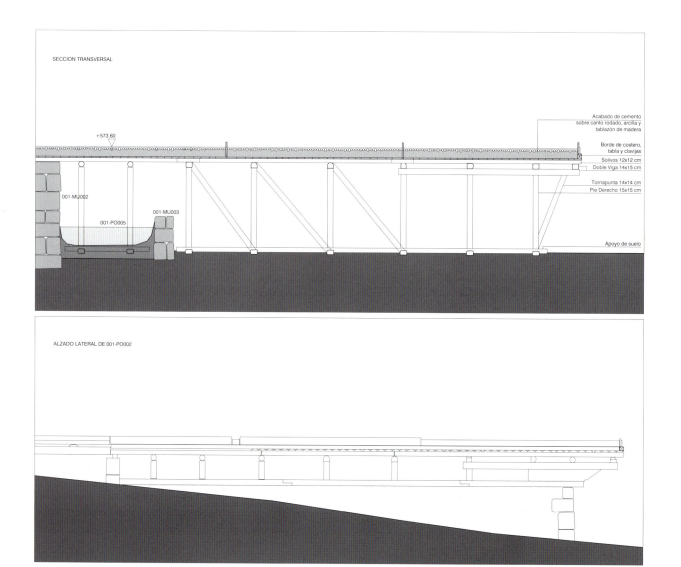

106 Description des salines **Description of the salt works**

1 Élévation et section des ères
  Elevation and section of salt pans

2, 3, 4 Vue de ères
  View of salt pans

Description des salines **Description of the salt works** 107

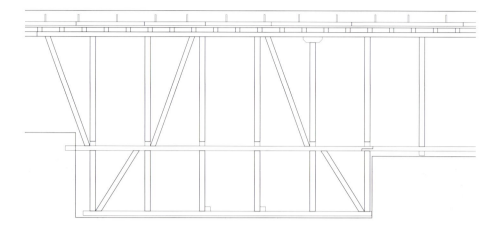

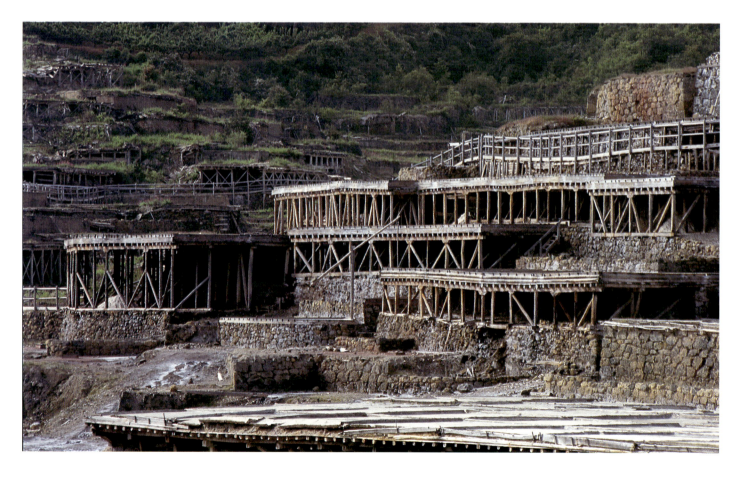

1 Élévation et section des ères
  Elevation and section of salt pans

2 Vue de réseaux
  View of frameworks

3 Section de ères
  Section of salt pans

4 Ères sur trames
  Salt pans on framework

5 Ères sur mur
  Salt pans on well

108 Description des salines **Description of the salt works**

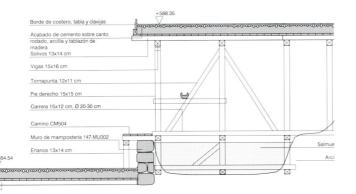

Description des salines **Description of the salt works** 109

Entrepôts de sel

Les édifications destinées à conserver le sel à Añana peuvent être divisées en deux types: publiques et privées.

• Traditionnellement quatre constructions de type public ont existé, elles furent contrôlées et entretenues pendant le monopole du sel (entre 1564 et 1869) par l'Administration royale. A cette époque, elles étaient connues sous le nom de «el Grande del Campo», «la Revilla» et «la Hermita» ou «Santa Ana» et «Almacenillo del Campo». Elles étaient destinées à abriter à la fin de chaque saison l'ensemble de la production ainsi qu'à conserver les excédents ou «masías» invendus. Au total, elles pouvaient conserver près de 110 113 fanègues de sel de 112 livres (environ 5 681 830 kilogrammes).

• D'autre part, les entrepôts privés, apparaissant également dans la documentation sous le nom de «terrazos» appartenaient aux sauniers, qui pouvaient même être propriétaires de plus d'un réservoir dans leur «granja». Ce type de structures se trouvait essentiellement sous les aires, les creux existant entre les murs des terrasses et les plates-formes d'évaporation étant mis à profit. Cette technique de construction facilitait en grande mesure leur remplissage, car le sel y était simplement versé par de petits orifices ouverts dans la surface de l'aire nommés «boqueras». Il était destiné essentiellement à conserver le sel jusqu'à son transport ou «entroje» vers les entrepôts publics situés à l'extérieur de l'exploitation.

Salt stores

The buildings set aside for storing the salt in Añana may be divided into two types: public and private ones.

• There have traditionally existed four public constructions which were controlled and maintained during the period of the salt monopoly (between 1564 and 1869) by the Royal Administration. During this period, they were known as "el Grande del Campo," "la Revilla" and "la Hermita" or "Santa Ana" and "Almacenillo del Campo." Their function was that of receiving the production as a whole at the end of each season and also to store the surplus or "masías" which was not unable to be sold. In total, they were able to store around 110,113 *fanegas* of salt of 112 pounds in weight (approximately 5,681,830 kilos).

• In addition, the private stores, also referred to in documentation as "terrazos," were privately owned by harvesters, who were even able to have more than one in their *granja*. These types of structure are mainly situated beneath the salt pans, taking advantage of the hollows existing between the walls of the terraces and the evaporation platforms. This building technique facilitates its filling to a great extent, as the salt is simply poured into small open hollows on the surface of the salt plans known as "boqueras". Their main function is to store the salt until such time as it is transported to the public stores located outside the salt works.

1 Entrepôt de Santa Ana
  Santa Ana store

2 Entrepôt «Grande» (Fonds Gatzagak)
  "Big" store Almacén (Gatzagak Collection)

3 Entrepôt particulier
  Private store

L' «entroje» constitue l'une des dernières étapes du cycle de production du sel. Il consiste à introduire le sel dans des sacs, qui étaient transportés à dos d'homme, ou de femme[2] vers les entrepôts, et les voies principales ou la rivière Muera. Dans ce dernier cas, ils étaient chargés sur le dos de chevaux, ou au XXe siècle déjà, sur des tracteurs, qui menaient la production à destination. Une fois arrivés, avant de s'acquitter du paiement envers les sauniers, on procédait au mesurage, qui était réalisé par trois hommes: le «Medidor», le «Cuarteador» et l' «Almirante», qui était chargé de la comptabilité.

The *entroje* is one of the last stages in the salt production cycle. It involves putting the salt in sacks, which would be carried on the shoulder both by men and women[2] to the stores, to the main roads or to the Muera River. In the case of the last-mentioned, they were loaded on beasts of burden or, by the 20th century, on tractors, which carried the salt produced to its destinations. Once there, the salt was measured by three men –*el Medidor* (the Measurer), *el Cuarteador* (the Cutter) and *el Almirante* (the Admiral), who was in charge of the accounts– in order to be able to pay the salt makers.

1, 2 Travaux de «entroje» de sel (Fonds Gatzagak)
Salt *entroje* work (Gatzagak Collection)

3 Puits de type boquera en argile
Boquera "hollow-type" clay well

[2] Les hommes transportaient normalement en moyenne une fanègue et demi et les femmes une fanègue (près de 51,6 kilogrammes).

[2] The men would on average carry one *fanega* and a half and women one *fanega* (around 51.6 kilos).

Description des salines **Description of the salt works** 113

Autres éléments

Pour pomper la saumure depuis les puits à «boquera» jusqu'à la surface des aires, on a eu recours à un ingénieux système –appelé à Añana «trabuquete» et dans d'autres salines «pingoste» ou «cigüeñal»– réduisant dans une grande mesure tout effort. Il s'agissait d'un mât en bois vertical qui supportait une balance dans sa partie supérieure. D'un côté, se trouvait un contrepoids et de l'autre une perche à l'extrémité de laquelle était suspendu un récipient (traditionnellement une outre en peau de chèvre appelé «escuerzo») recueillant le liquide.

Les travaux d'obtention du sel ne requièrent aucun outils sophistiqués. Pour remuer et recueillir le sel, on a eu traditionnellement recours à un instrument nommé «rodillo» (rouleau). Il consiste en une planche de bois de quelque soixante centimètres de long par vingt-cinq de largeur, recouverte d'une plaque en fer sur l'un de ses bords et qui est maniée au moyen d'un manche en bois. Pour transporter le sel des aires jusqu'aux entrepôts privés, on employait des paniers en châtaignier, et pour les travaux d'entretien des surfaces en argile, on avait recours au pilon, qui était une pièce en bois massif fixée à une tige, il était utilisé pour compacter l'argile humidifiée.

Other elements

To pump the brine from the *boquera* wells to the surface of the salt pans, an ingenious system was used which –known in Añana as "trabuquete" and in other salt works as "pingoste" or "cigüeñal" (crankshaft)– which to a great extent keeps the effort required to a minimum. It consists of a vertical wooden mast that supports a set of scales on its lower part. It has a counterweight on one side and on the other a pole or lath with a container on the end (traditionally, this was a goat's skin known as "escuerzo") which collected the liquid.

Work involving obtaining salt does not require complex tools. To stir and collect the salt, an instrument known as a "rodillo" (roller) has traditionally been used. It consists of a wooden board of around sixty centimetres in length by twenty-five centimetres in width with an iron plate on one of its edges and handled using a wooden handle. Chestnut wood baskets were used to transport the salt from the pans to the private stores, and a "pisón" (rammer) was used for maintenance work on the clay surfaces, this last-mentioned tool being a piece of solid wood fastened to a beam which was used to compact the moist clay.

1 Trabuquete
Trabuquete brine pumping system

2 Pilon
Pisón (rammer)

3 Paniers en châtaignier
Chestnut baskets

4 Rouleaux
Rollers

Description des salines **Description of the salt works** 115

La production de sel

A l'époque de plus grande splendeur se trouvaient dans la vallée plus de cinq mille plates-formes d'évaporation qui, au total, occupaient une surface de 95.233 mètres carrés.

La période d'élaboration du sel varie annuellement en fonction des conditions climatiques. Elle débute généralement en mai et s'achève en octobre, bien que la période la plus productive soit celle comprise entre juin et septembre, à partir de ce mois, les longues nuits retardent le processus d'évaporation et les pluies continues endommagent le rare sel pouvant être obtenu.

Le processus de fabrication de sel présente plusieurs phases. Il débute avec le remplissage des aires d'une quantité de liquide oscillant entre deux et quatre centimètres (deux pouces environ). D'après le mémoire sur les salines rédigé par A. Herrán en 1883, la saumure tardait, en moyenne, quelque soixante heures à prendre, lorsque le thermomètre marquait vingt-quatre degrés à l'ombre, si la température montait de trois à quatre degrés, le processus s'accélérait d'une dizaine heure, mais si la chaleur baissait jusqu'à seize ou dix-huit degrés, on n'obtenait de résultats qu'après trois ou quatre journées complètes.

Quand le soleil et le vent commencent à faire s'évaporer l'eau, des cristaux se forment à la surface —connus sous le nom de fleurs de sel— ils grossissent au fur et à mesure qu'ils s'assemblent. Lorsque leur poids est supérieur à la tension superficielle de l'eau, ils tombent au fond, le produit final étant nommé «sal de mota».

Salt production

In its heyday, there were over five thousand evaporation platforms in the valley which, in total, occupied a surface area of 95,233 square metres.

The salt making period varies annually according to climatic conditions. It generally starts in May and ends in October, although the most productive period would be between June and September, as from September onwards the long nights would delay the evaporation process and the continuous rain would spoil the scarce salt that could be obtained.

The salt manufacturing process involves several steps. It starts with the "llenado" (filling) of the salt pans with an amount of liquid ranging from between two and four centimetres (around two inches). According to the report on the salt pans drafted by A. Herrán in 1883, the brine tended to take an average of around sixty hours to settle when the thermometer recorded twenty-five degrees in the shade; if the temperature rose by between three and four degrees, this speeded up the process by around ten hours, but if the heat dropped to sixteen or seventeen, no results were obtained until three or four full days had elapsed.

When the sun and the wind start to make the water evaporate, crystals are formed on the surface —known as "flores de sal" (lit. *salt flowers* or natural salt)— which increase in size as they join together. Once their weight exceeds the surface pressure of the water, they fall to the bottom, and the end product is then known as "sal de mota".

1 Montons de sel collecté
Piles of collected salt

Au cours de ce cycle, il est nécessaire de remuer la muera lorsqu'elle commence à prendre. De cette manière, la cristallisation se produit de manière uniforme et on évite au produit d'adhérer à la surface des aires ou «rechine». Pour empêcher au sel de sécher excessivement, les sauniers arrosent les aires de manière continue avec de la saumure préchauffée dans les puits chauffants de petites dimensions appelés «calentadores».

Dès que le sel est cristallisé, mais avant que l'eau ne s'évapore totalement, on procède à sa collecte. Cette opération est réalisée à l'aide du rouleau, avec lequel le sel est ramassé à partir du périmètre de l'aire en direction du centre en créant un monticule de sel. Il est alors versé dans ces paniers dont les rainures facilitent l'essorage du sel avant le stockage. Ce processus que chaque saunier réalise dans sa propriété est appelé «entrar la sal» (entrer le sel), et consiste à l'introduire dans les «terrazos» à travers de petits orifices ou boqueras situés à la surface des aires.

La salinité des sources de la vallée est très élevée, et atteint presque le seuil de saturation. La capacité de production avec des infrastructures adéquates étant très élevée malgré un débit d'eau salée très réduit. Pour se faire une idée du sel que l'on peut arriver à obtenir à Añana, il suffit d'exposer quelques données: chaque litre de saumure présente plus de 200 grammes de sel dissous, chaque aire peut produire par saison une tonne de sel, et toute la fabrique en pleine exploitation (avec près de 5.500 aires en fonctionnement) est capable de franchir les 6.000 tonnes.

During this cycle, the brine needs to be "stirred" once it starts to settle. In this way, uniform crystallization is obtained and the product is prevented from adhering to the surface of the salt pans or "rechine." To prevent the salt from drying up too much, the salt makers water the pans continuously with brine pre-heated in the small wells known as *calentadores*.

Once the salt has crystallized but before the water totally evaporates, it is then collected. This operation is carried out with the help of a roller, with which the salt is dragged from the side of the pan towards the centre, thus giving rise to a small pile of salt. Once there, it is tipped into baskets, the grooves of which make it easy for the salt to be drained before being stored. This process, which each salt maker would carry out in his *granja*, would be known as ·entrar la sal" (lit."entering the salt") and consists of inserting it in the *terrazos* via small hollows or sluices on the surfaces of the salt pans.

The salinity of the valley's springs is very high, almost reaching saturation point. This means that, despite the fact that the flow of salt water is limited, the production capacity with suitable infrastructures is very high. To get an idea of the salt that can be obtained in Añana, one only has to view certain data: each litre of brine, once dissolved, possesses 200 grammes of salt; each salt pan can produce a ton of salt a season; and the entire salt works operating at full capacity (with around 5,500 salt pans in operation) is capable of producing over 6,000 tons.

1 Remplissage d'une ère
   Filling a salt pan

2 Fleur de sel
   Flor de sal natural salt

3 Zoquin (stalactite) en formation
   Zoquin "salt stalactite" in formation

4 Collecte du sel dans une ère
   Salt harvest in a salt pan

5 Sel entreposé
   Stored salt

Description des salines **Description of the salt works** 119

1 - 6 Travaux de production de sel
Salt production work

120 Description des salines **Description of the salt works**

Description des salines **Description of the salt works**

Les matériels de construction des salines

La relation du chlorure de sodium et du bois tout au long de l'histoire des salines a été inévitable. Ceci est non seulement dû à la facilité avec laquelle est travaillé ce type de matériel, mais également à l'impossibilité d'utiliser du métal du fait d'une corrosion rapide. L'effet du sel est, d'une certaine manière, une relation d'amour-haine. D'une part, il est profitable, car le chlorure de sodium le protège des attaques des xylophages, ses agents biologiques destructeurs. D'autre part, il est nuisible, car le sel produit une attaque chimique décomposant sa cohésion interne. Toutefois, l'affection se produit à partir de l'extérieur et très lentement, les avantages apportés par le sel qui protège le bois étant plus bénéfiques par rapport aux dégâts chimiques causés.

Au cours de la première moitié du XXe siècle, pour obtenir un sel plus blanc et faciliter les travaux de collecte, fut mis en marche un processus de restructuration de la couche supérieure des aires consistant à poser du ciment sur les couches préexistantes.

Bien que ce changement ait impliqué une importante amélioration en matière de production, il n'en fut pas de même en matière de construction. L'entretien des anciennes aires présentait un avantage: tout le matériel utilisé était recyclable, ainsi, lorsqu'on le considérait nécessaire, on retirait les couches de matériau roulé et l'argile, puis elles étaient replacées, créant de cette manière peu de déchets.

The building materials of the salt works

The relationship between sodium chloride and wood throughout the history of the salt works has been an inevitable one. This is due not only to the ease with which this type of material is worked, but also to the impossibility of using metals because they rust so quickly. The effect of the salt is, to a certain extent, a "love/hate relationship." On the one hand, it is beneficial, as the sodium chloride protects it from attacks by xylophagous insects, which are biologically destructive agents for them. On the other, it is harmful, as the salt produces a chemical attack which breaks down its internal cohesion. Notwithstanding, the disease is caused from the outside –and also very slowly– whereby the benefits provided by the salt protecting the wood outweigh any chemical damage that may occur.

During the first half of the 20th century, a remodelling process involving applying an upper finish to the salt pans got underway which involved adding cement to the previously-existing layers. The aim of this was to obtain a whiter salt and to facilitate collection work.

Although this change gave rise to a major improvement in the area of production, this was not the case with the construction process. Maintaining the salt pans had the advantage that all the material used was recyclable, whereby the layers of pebbles and clay would be removed and then replaced

1 Effet du sel sur le bois
   Effect of salt on wood

1 Réutilisation de matériels sur une terrasse
  Reuse of materials on a terrace

2 Section d'une ère actuelle
  Section of a salt pan as it is today

3 Terrasses en ciment
  Masonry terrace

4 Vidage d'une plate-forme de cristallisation
  Emptying a crystallization platform

5 Pentes périmétrales
  Perimeter slabs

6 Réparation de la surface en ciment
  Repair of the cement surface

7 Dégradation de la surface en ciment
  Damage to the cement surface

| 1 | 2 | 4 | 5 |
| 3 | | 6 | 7 |

124 Description des salines **Description of the salt works**

Description des salines **Description of the salt works** 125

Toutefois, le ciment se fissurait et devait être réparé au début de chaque saison. Au bout de quelques années, la dégradation chronique contraignit à l'application de nouvelles couches de ciment par dessus les précédentes. Avec le temps, la superposition de couches (parfois plus d'une vingtaine) provoqua une augmentation du poids à supporter par les plates-formes, les aires s'effondrant alors. Face à cette situation, les sauniers choisirent de les abandonner ou de les réparer, mais avec un inconvénient: le ciment comme les matériels qui ont été en contact avec lui, ne peuvent être utilisés et deviennent des déchets qu'il faut détruire.

where deemed necessary so that practically no debris piled up. However, cement cracks and needs to be repaired at the start of each season. After several years, the chronic deterioration means new layers of cement have to be lain over previous layers. Over time, the superposition of layers (at times, over twenty) causes an increase in weight which the platforms are unable to withstand, meaning the salt pans can collapse. In view of this situation, the salt makers opt to either abandon them or repair them, with the disadvantage being that both the cement and the materials that have been in contact with it cannot be reused and they become debris which has to be cast aside.

1   Surface en matériel roulé
    Pebble surface

2   Fabrique mixte
    Mixed stonework

3   Ère abandonnée
    Abandoned salt pan

4 Les raisons d'un Plan Directeur

Les problèmes économiques occasionnés au cours du XXe siècle par la diminution progressive du prix du sel, du fait de la forte concurrence des fabriques de sel côtières, et des mines, impliquèrent une réduction importante des revenus, et donc, une diminution des investissements dans l'entretien de la vallée. Ainsi, au cours de cette étape de décadence, le travail dans les salines ne fournissait pas les revenus suffisants pour pouvoir vivre de cette activité, les sauniers se voyant contraints à compléter leurs revenus par d'autres types de travaux saisonniers qui, avec le temps devinrent définitifs. A travers cet abandon, les producteurs ne laissaient pas seulement derrière eux une activité qui avait constitué la subsistance de leurs familles pendant des générations, mais également la ville, car beaucoup rejoignirent les régions industrialisées. Ce processus, allié à la faiblesse des solutions employées dans la construction des infrastructures salines, ainsi que l'abandon des travaux annuels d'entretien, provoquèrent la ruine que nous pouvons observer à l'heure actuelle dans une grande partie de la Vallée Salée.

4 The whys and wherefores of a Master Plan

The financial problems arising during the 20th century owing to the steady drop in the price of salt as a consequence of tough competition from coastal salt factories and mines, meant a major reduction in income and, with it, a decrease in investment in maintaining the valley. Thus, during this period of decline, work at the salt works did not provide income to make ends meet from this activity, and so the salt makers were compelled to complement their work with other types of temporary jobs which, over time, became permanent ones. By abandoning the salt works, producers not only left the activity behind which had sustained their families for generations, but also the town itself, as many of them moved to industrialized areas. This process, together with the weakness of the solutions provided in building salt work infrastructures, combined with the yearly maintenance work, led to the decline we can now see in most of the Salt Valley.

1 Vue verticale des salines en 1997 (Service de l'Urbanisme de la D.F.A.)
   Vertical view of the salt works in 1997 (Town Planning Dept. of the Provincial Council of Álava)

La valeur du sel

Le processus de dégradation référencé à Añana se reproduit dans une grande partie des salines de la péninsule et d'Europe depuis les années soixante-dix du siècle dernier. Pendant cette période, les ventes de sel produit selon les méthodes traditionnelles entrent en concurrence directe avec celles des grands producteurs de sel, menant à une économie misérable qui déboucha inévitablement sur l'abandon de l'activité saline.

Ce qui nous amène à nous poser la question suivante: est-il possible de récupérer la saline pour en faire une fabrique de sel, compétitive sur un marché libre? La réponse est non, car si le sel produit par des méthodes traditionnelles ne présente aucune valeur ajoutée par rapport à celui obtenu industriellement, le prix de vente sera logiquement le même, les salines côtières et les mines étant donné leur capacité de production, accapareront le marché.

Toutefois, il y a encore de l'espoir, et c'est ce qu'ont montré certaines exploitations d'Europe (Læsø Sydesalt au Danemark, l'île de Ré, l'île de Noirmoutier et de Guérande en France ou Maldon, située dans le comté de l'Essex -Angleterre-). Ce succès repose sur la perception qu'il existe un marché qui donne de la valeur à ce type de salines grâce à deux facteurs fondamentaux: le mode de production et la qualité finale du produit.

1, 2 Comparaison de la région de Entrambasaguas en début et fin du XXe siècle (1-A.T.H.A. Fonds Gereñu. Sign. 3.195)
Comparison of the Entrambasaguas area at the beginning and end of the 20th century (1-A.T.H.A. Gereñu Collection. Sign. 3.195)

The value of salt

The degenerative process documented in Añana recurs has been repeated in most of the inland salt works in the Iberian Peninsula and the rest of Europe since the 1960s. During this period, the sale of salt produced by traditional methods entered into direct competition with large-scale producers, the result of which was poverty that led to the irretrievable abandonment of salt making activity.

This leads us to consider the following question: is it feasible to recover the salt works in order to convert them into a salt factory and compete on the free market? The answer is no, because the salt produced by traditional methods has no added value over that obtained industrially, the sales price will logically be the same and the coastal salt works and mines, given their production capacity, will the ones that take the market.

However, there is still hope, and this has been proven by some salt works in Europe (Læsø Sydesalt in Denmark, île de Ré, île de Noirmoutier and Guérande in France, and Maldon, in the County of Essex, the United Kingdom) that have reacted and changed the direction of their economic policy and started to believe in the true value of their salt. This success is based on the perception that there

L'obtention de sel dans les fabriques traditionnelles est nécessairement différente de l'industrielle, tant en matière de processus de cristallisation qu'en matière de matériels employés dans les finitions des aires. Les atouts d'une élaboration artisanale résident d'une part, dans la méthode de collecte, sa principale référence étant la fleur de sel, et d'autre part, dans l'absence de raffinage, ce qui chimiquement parlant, est plus bénéfique pour la santé, car il conserve tous les éléments fournis par la nature.

D'après les plus grands chefs de cuisine, qui sont à l'heure actuelle ceux qui apprécient le plus les qualités du sel traditionnel, on peut –à travers un dispositif de diffusion– parvenir à ce que l'ensemble du marché valorise la qualité gastronomique de notre sel, en le situant sur le marché à la place qui lui revient. Ce dispositif a permis à différentes salines d'Europe –et pourquoi pas à Añana dans un avenir proche– de vivre dignement de cette activité millénaire, ouvrant un horizon nouveau tant pour les exploitations traditionnelles que pour les sauniers qui y travaillent.

1 Ères dans la région de Santa María de Villacones (A.T.H.A. Fonds Guereñu. Sign. 20.397)
Salt pans in the area of Santa María de Villacones (A.T.H.A. Guereñu Collection. Sign. 20.397)

2 Plates-formes de cristallisation (A.T.H.A. Fonds Guereñu. Sign. 20.393)
Crystallization platforms (A.T.H.A. Guereñu Collection. Sign. 20.393)

exists a market that values salt from this type of salt works owing to two essential factors: the means of production and the final quality of the product.

Obtaining salt at traditional factories is by nature different from that used at industrial ones, both in terms of the crystallization process and the materials used in the salt pan finishes. The advantages of its being made in the traditional way lie on the hand in the collection method –the *flor de sal* being the finest exponent of this– and, on the other, in the absence of refining work, which means that chemically-speaking it is more beneficial for the health, as it preserves all the elements that nature has provided it with.

Being based on the premise that the best restaurant owners are those who nowadays to a greater extent appreciate the qualities of traditional salt, citizens as a whole may come to value the gastronomic quality of our salt following a dissemination process, thus putting it in its rightful place on the market. This process has enabled different salt works in Europe –and why not those of Añana in the near future– to live off this thousand-year-old activity in a dignified manner, paving the way forward both for traditional salt works and for the salt makers who will be able to work in them.

1 Abandon d'une ère
  Neglect of a salt pan

2 Mur construit avec des déchets provenant d'une ère
  Wall built from the debris of a salt pan

3 Réseau en ruine
  Framework in ruins

5 Plan Directeur pour la récupération intégrale de la Vallée Salée de Salinas de Añana

L'état que présentaient les salines à la fin du XXe siècle et sa déclaration à titre de Bien d'intérêt culturel (BIC) ont mené la Députation forale d'Álava –à travers le Service du Patrimoine historique et architectural– à promouvoir la récupération de l'ensemble. Cependant, et compte tenu du contexte que nous avons exposé ci-dessus, les activités proposées ne sont pas destinées à récupérer l'exploitation en tant que simple fabrique de sel, mais à approfondir d'autres capacités de la vallée, telles que le tourisme, l'éducation, l'activité sociale et paysagère.

5 Master Plan for the full recovery of the Salt Valley of Salinas de Añana

The state the salt works were in at the end of the 20th century and its being declared an Asset of Cultural Interest (BIC), led the Provincial Council of Álava –via its Historical-Architectural Heritage Department– to promote the recovery of the site. Notwithstanding and taking into account the context we have explained previously, the activities considered were not aimed at recovering the salt works as a mere salt factory, but rather at highlighting other capacities of the valley such as those of tourist, educational, social and landscape ones.

Les principales initiatives adoptées par la Députation forale d'Álava pour tenter freiner de processus de dégradation ont été les suivantes :
- L'exploitation était organisée, à la fin des années quatre-vingt dix du XXe siècle, en cent onze granjas qui appartenaient à cinquante quatre sauniers. Cette dispersion de la propriété engendrait de graves problèmes pour affronter tout type d'intervention de restauration, mais le consensus de l'ensemble des héritiers était nécessaire. Pour apporter une solution à ce problème, a été créée une société appelée Gatzagak qui, impulsée par la Députation forale d'Álava entre 1998 et 1999, a permis en grande mesure le développement du Plan directeur et des travaux de restauration, et a promu des activités de loisirs, de production et d'entretien.
- Pendant les années 1999 et 2000 ont été effectuées une série d'interventions d'urgence afin de freiner le progrès incontrôlé de la dégradation, la vallée a été clôturée pour garantir la protection des visiteurs ainsi que de la saline.
- Enfin, en l'an 2000, a été demandée l'élaboration de l'instrument qui allait constituer la clé du futur de la Vallée Salée: le Plan directeur.

La philosophie et l'approche méthodologique du «Plan directeur pour la récupération intégrale de la vallée salée de Salinas de Añana» ont été fondées sur les bons résultats obtenus au cours de l'exécution du Plan pour la restauration d'un autre ensemble architectural important de l'Álava, la cathédrale de Santa María de Vitoria-Gasteiz.

Toutefois, dans notre cas, il était conçu -dans les lignes générales- comme un instrument qui, à partir des connaissances historiques et archéologiques, architecturales, géologiques, paysagères et environnementales, diagnostiquerait les problèmes à l'origine de la ruine de la vallée, et proposerait la voie et les étapes à suivre pour mener à bien une récupération intégrale.

Domaine d'action

A la différence d'autres édifications dont l'image est facilement perceptible, et dont les limites sont clairement définies, l'un des premiers problèmes que nous avons eu à affronter a été la délimitation de l'ensemble sur lequel nous devions agir. Avec cela, nous parvenions non seulement à approcher du domaine d'étude, mais à en créer également une image reconnaissable. Image qui devait contribuer ultérieurement à améliorer la communication tant sur la progression et les résultats de la restauration que des salines elles-mêmes en qualité de monument historique et moteur d'activités de la région.

Objectifs du Plan

Au titre d'objectif général, le Plan directeur prévoyait d'élaborer un document dans lequel, en se fondant sur la connaissance exhaustive de la Vallée Salée, serait exposée une approche destinée à sa récupération patrimoniale et fonctionnelle. Par ailleurs, il devait indiquer dans le détail les activités et pas à suivre pour parvenir à une restauration intégrale, le maintenir en bon état, l'étudier et le connaître en profondeur, en tant que source de connaissance historique, et enfin, pour socialiser les résultats obtenus.

Méthodologie du Plan Directeur. «Connaître pour restaurer, restaurer pour subsister»

En premier lieu, il faut prendre en considération le fait que l'image qu'offre le Vallée Salée à l'heure actuelle est le résultat d'un processus évolutif complexe, tant du point de vue politique et économique que social, qui débute lorsque le premier homme exploita pendant la Préhistoire la saumure de ses sources pour faire du sel, et prend fin lorsque le sel cesse d'être produit et que les salines sont abandonnées. Pour pouvoir récupérer Añana, il est nécessaire de comprendre ce processus, car de cette manière nous récupérons la mémoire, la connaissance empirique développée pendant des millénaires par les sauniers et nous évitons de commettre leurs erreurs pour les travaux futurs. En conséquence, la procédure méthodologique du Plan directeur repose sur

The main initiatives taken by the Provincial Council to try and stop the process of decline were as follows:
- The salt works were at the end of the 1990s arranged in one hundred and eleven granjas that belonged to fifty-four salt makers. This scattered property gave rise to serious problems when tackling any type of restoration work, as the agreement of all the heirs was needed. To solve this problem a society called Gatzagak was set up between the years 1998 and 1999 which, promoted by the Provincial Council of Álava, has to a great extent facilitated the development of the Master Plan and restoration work, and has promoted the leisure, production and upkeep activities of the salt works.
- During the years 1999 and 2000, a series of emergency work was carried out in order to slow down the uncontrolled continued decline of the valley, and it was fenced off to ensure the protection both of visitors and of the salt works themselves.
- Lastly, in 2000 the instrument which would be the key to the future of the Salt Valley was given the go-ahead – the Master Plan.

The philosophy behind and methodological approach of the "Master Plan for the Full Recovery of the Salt Valley of Salinas de Añana" was based on the good results obtained while the plan for restoring another of the most important exponents of architecture in Álava –St. Mary's Cathedral of Vitoria-Gasteiz– was being executed.

Notwithstanding, it was broadly speaking in our case devised as an instrument which, starting from the historical-archaeological, architectural, geological, landscape and environmental knowledge available, would diagnose the problems caused by the decline of the valley, and would show the way forward and steps to be followed in order to achieve its full recovery.

Area of activity

Unlike other constructions whose image is easily recognizable and whose limits are clearly defined, one of the initial problems we had to face was the delimitation of the site where we were going to intervene. With this, we not only managed to mark out the area of study but we also generated a recognizable image of it – an image that was to later help to improve communication both in terms of the progression and the results of the restoration work, and of the salt works themselves as a historic monument and driving force for activities in the area.

Aims of the Plan

The main aim of the Master Plan was to draw up a document in which, being based on the exhaustive knowledge of the Salt Valley, the approach would be set out for its recovery in terms of heritage and functional nature. Furthermore, the activities and steps to be followed needed to be indicated in detail in order to: manage to fully restore it, maintain it in good condition, study it and find out about it in depth as a source of historic knowledge and, lastly, for the results obtained to be of benefit to society.

Methodology of the Master Plan. "Knowing in order to restore, restoring in order to survive"

Firstly, it should be taken into account that the image currently offered by the valley is the result of a complex evolutionary process both from the political and economic points of view, which commenced when the first man used the brine from its springs in prehistoric times to make salt and ended when salt stopped being produced and the salt works were abandoned. To be able to recover Añana, it is necessary to understand this process, as this is how we will recover from oblivion the empirical knowledge developed over thousands of years by the salt makers and thus avoid making the same mistakes in the course of future work. Consequently, the methodological procedure of the Master Plan is based on three basic inter-related steps. The first is "documenting," the second "analyzing" and the third "proposing".

trois phases fondamentales liées entre elles. La première consiste à «documenter», la seconde à «analyser» et la troisième à «proposer».

Documenter: C'est là une condition sine qua non de posséder le plus haut niveau de connaissance possible de l'objet sur lequel nous allons intervenir, car dans le domaine dans lequel nous agissons, il est nécessaire pour les études qui vont être réalisées, de disposer d'une documentation détaillée. Par ailleurs, et étant donnée que dans la plupart des cas, l'ensemble va être modifié irréversiblement, la documentation devient, d'elle-même, un document historique de grande valeur pour les générations futures. A cet effet, avant d'intervenir dans le Vallée Salée, une documentation complète sur les salines a été élaborée à partir de différents points de vue: architectural, historique, archéologique, fonctionnel, paysager, biologique, géologique et organisationnel.

Analyser: Pour comprendre la réalité physique de la Vallée Salée, et aborder la dernière étape du processus dans des conditions maximum de succès, il faut l'analyser à partir du plus grand nombre de points de vue possibles. De cette manière, a été organisée une équipe de travail multidisciplinaire dont les objectifs sont destinés à la connaissance des clés de l'évolution constructive, fonctionnelle, paysagère, géologique et sociale de la vallée. Dans ce sens, il faut prendre en considération le fait qu'aussi bien le paysage des salines que son architecture ne sont pas des structures restées immuables, mais qu'elles recèlent en leur sein quelque chose que l'on a tendance à oublier assez souvent: le temps. Analyser cette quatrième dimension constitue un élément vital de ce type d'interventions, car il est nécessaire de connaître le passé du Valle Salado pour comprendre les raisons de son état actuel, et proposer la voie la plus adaptée pour garantir son maintien futur.

Dans le cadre du processus analytique, il a été également nécessaire d'examiner et de référencer un contexte plus vaste que le strictement municipal, dans le but de rechercher des promoteurs d'activités, des usagers et des bénéficiaires potentiels de la récupération des salines.

Proposer: Les propositions de récupération, d'entretien et de mise en valeur des salines partent d'un élément de base déterminant: Le Vallée Salée a connu une activité industrielle qui a été tout au long de son histoire le moteur économique de la région. Toutefois, il est absolument nécessaire de remplacer cette activité par d'autres viables à l'heure actuelle, mais qui ne soient pas associées à «une exploitation» de la vallée.

C'est pour cette raison qu'au cours de la dernière partie de la procédure adoptée, plusieurs voies ont été développées, chaque équipe ayant participé au Plan directeur se chargeant d'effectuer les propositions qu'elles considéraient les plus appropriées dans leur domaine d'action. Ainsi, ont été déterminés précisément en premier lieu le domaine et les éléments qui constituent l'ensemble à récupérer, en prenant pour base des critères historiques, typologiques, paysagers, fonctionnels et opportuns, en établissant un contexte de futur durable; ont été conçues par la suite les différentes propositions d'intervention, et enfin, ont été établis les délais d'exécution, et le coût économique des travaux.

On a également fait en sorte d'impliquer directement dans les propositions du projet, les différents agents intéressés: Communauté de communes, Municipalité, Gatzagak, Administrations, etc. On a cherché de cette manière à promouvoir des solutions complexes et viables de manière conjointe qui, sans doute, contribuaient à atteindre les objectifs énoncés et à exploiter au maximum les potentialités de la Vallée Salée pour garantir sa conservation et son maintien dans le futur.

Le Plan directeur a été réalisé par une équipe de travail multidisciplinaire dirigée par le Service du Patrimoine historique et architectural de la Députation forale d'Álava, qui a coordonné l'Étude d'Architecture Landa–Ochandiano à laquelle ont collaboré pour les études spécialisées, des équipes telles que le Groupe de recherche en Archéologie de l'Université du Pays basque, des entreprises telles que I.K.T. ou Geograma et des Départements de l'UPV également, comme le Département de Géodynamique, de Minéralogie et de Pétrologie, d'Ingénierie chimique et de l'Environnement de l'E.T.S. de Bilbao.

Documenting: It is a sine quan non condition to be in possession of the maximum amount of knowledge possible about the object in which one is going to intervene as, in the field in which we operate, it is necessary to have detailed documentation at one's disposal in order for the studies to be put into effect. Moreover and given that the whole thing becomes irreversibly modified in most cases, the documentation in itself becomes a historic document of great value for future generations. To this end and before intervening in the Salt Valley, a complete set of documentation about the salt works was put together from different points of view: architectural, historical, archaeological, functional, landscape, biological, geological and organizational.

Analyzing: To understand the physical reality of the Salt Valley and to deal with the last step in the process with guarantees of success, it is necessary to analyze it from the greatest possible number of points of view. Thus, a multidisciplinary work team was put together whose aims were geared to finding out the keys to the constructive, functional, landscape, geological and social evolution of the valley. In this sense, it should be taken into account that both the landscape of the salt works and their architecture are not structures that have remained unchanging, but rather retain something within them that often gets forgotten: time. Analyzing this fourth dimension is vital in this type of intervention, as it is necessary to know the past of the Salt Valley in order to understand the whys and wherefores of its current state and to pave the most suitable way forward to ensure its future upkeep.

Forming part of the analytical process, it also has been necessary to examine and index a broader context than that of the strictly municipal one in order to seek out promoters of courses of action, potential users and beneficiaries of the recovery of the salt works.

Proposing: The recovery, maintenance and updating of the salt works starts off from a determinant premise. The fact is that industrial activity has been carried out in the Salt Valley which has been the economic driving force of the area throughout its history. However, is it wholly necessary to replace this activity with others that are deemed viable today, but which are nonetheless associated with the "exploitation" of the valley.

It is because of that stated above that different paths have been developed in the last part of the procedure, as each of the teams that has taken part in the Master Plan has been responsible for carrying out the proposals deemed most suitable within their field of activity. Thus, the area and elements making up the whole to be recovered have been determined first by working on the basis of historic, typological, landscape and functional criteria or criteria regarding the opportunities available, thus setting the stage for a sustainable future; next, the different intervention proposals have been established and, lastly, the periods of execution and the financial cost of the work.

Similarly, an attempt has been made to directly involve the different agents interested in the recovery in the projects' proposals: local region, municipality, Gatzagak and administrations, etc. In this way, complex and viable joint solutions have been tried to be promoted which, without doubt, have helped to achieve the objective set out and to maximize the potentiality of the Salt Valley to ensure its preservation and upkeep in the future.

The Master Plan was carried out by a multidisciplinary work team run by the Historic-Architectural Department of the Provincial Council of Álava and coordinated by the Landa-Ochandiano Architectural Study, with the collaboration for specialist studies of teams such as the Research Group in Architectural Archaeology of the University of the Basque Country (UPV), companies such as I.K.T. and Geograma and Departments - also of the UPV - such as those of Geodynamics, Mineralogy and Petrology, and the Chemical Engineering and Environmental Departments of the E.T.S. Engineering School of Bilbao.

Études spécialisées

Études archéologiques

L'ensemble des études historiques du Plan directeur a été commandé au Groupe de Recherche en Archéologie de l'Architecture de l'Université du Pays basque*, qui s'est fixé pour objectif prioritaire de connaître l'évolution historique et constructive de la vallée. Nous cherchions à comprendre à travers cela ses transformations au cours de l'Histoire, sa diachronie, ses phases; en définitive, tous les avatars s'étant produits dans le complexe salin au cours de ses presque mille deux cents ans documentés d'histoire.

La recherche a été menée suivant les directives de la discipline connue sous le nom d'Archéologie de l'Architecture. Toutefois, les particularités morphologiques de la vallée lui confèrent un caractère particulier qui a mené à modifier les outils courants de travail. Cette approche est apparue, en grande mesure, en fonction de la progression de l'étude alors que surgissaient des situations non prévues par les systèmes de travail courants. Pour toutes ces raisons, le Vallée Salée est devenu dans ce sens un laboratoire d'expérimentation constante sur de nouvelles formes d'approche de l'objet d'étude dans le cadre de notre discipline. L'analyse réalisée par notre Groupe, conformément à la structuration abordée dans le Plan directeur a été

Specialist studies

Archaeological studies

The set of historical studies contained in the Master Plan was entrusted to the Research Group in Architectural Archaeology of the University of the Basque Country (UPV)*, whose main objective was to get to know the historic-constructive evolution of the valley. In so doing, we sought to understand its transformations throughout history, its diachronics and its phases – in short, all the changes the salt works complex has witnessed over its nearly one thousand two hundred years of documented history.

Research has been carried out following the guidelines ruling the discipline known as architectural archaeology. Notwithstanding, the special morphological features of the valley lend it a particular nature which has made it necessary to modify the usual work tools. This rethink arose to a large extent as the study progressed, and situations started to emerge that had not been envisaged by the working systems in use. For all the aforementioned reasons, the Salt Valley has in this sense been transformed into a laboratory of constant experimentation regarding new ways of approaching the object of the study on the part of our discipline.

* La direction du groupe relève de la responsabilité de Agustín Azkarate Garai-Olaun et celle de la coordination du projet de Alberto Plata Montero. Les collaborateurs principaux ont été: Leandro Sánchez Zufiaurre, Sonia Gobbato, Idoia Carlota Domínguez Beltrán de Heredia et Blanca Rescalvo González

* Agustín Azkarate Garai-Oalun is responsible for management of the Group and Alberto Plata Montero for coordination. The main collaborators have been: Leandro Sánchez Zubiaurre, Sonia Gobbato, Idoia Carlota Domínguez Beltrán de Heredia and Blanca Rescalvo González.

1 Phases de l'évolution historique et constructive des salines identifiées pendant l'étude
Historical-constructive evolution phases of the salt works identified during the study

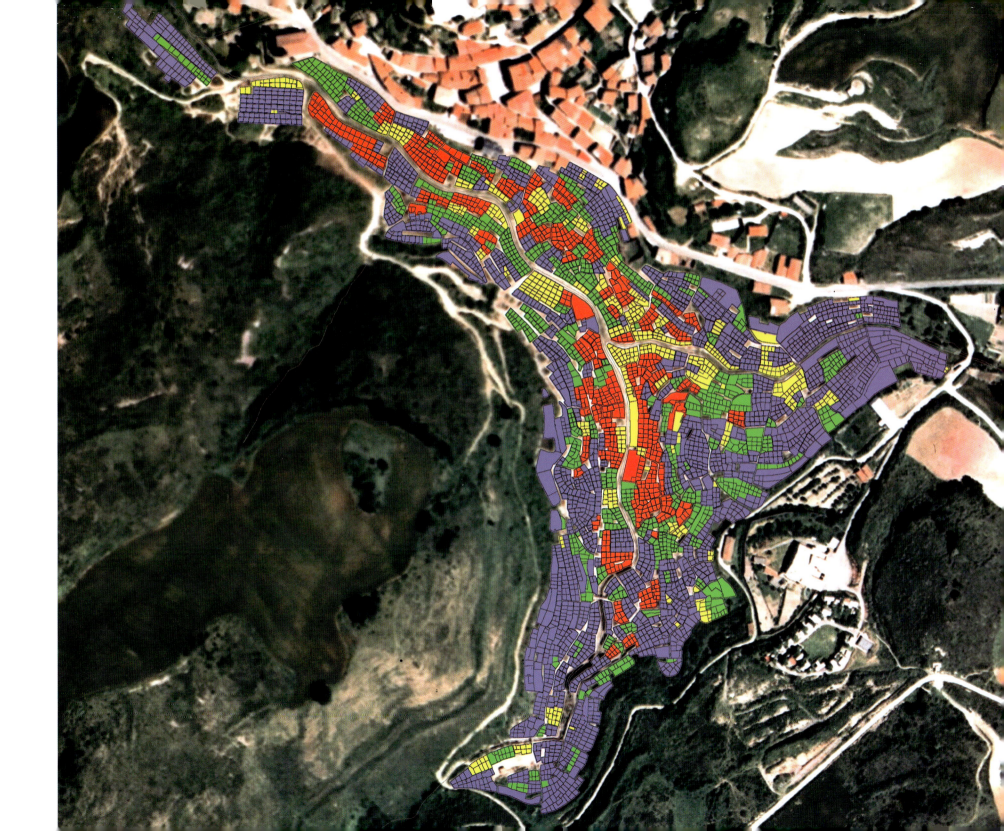

divisée en quatre phases dont nous allons expliquer brièvement le développement:

• La première a consisté en l'évaluation archéologique de la vallée à travers l'étude intégrale d'une zone aux limites très concrètes. La zone choisie se caractérisait par le fait de présenter un état de conservation qui nous permettait de travailler sans risques, une grande visibilité de ses structures et le fait d'apprécier, à simple vue, des différences de construction qui pouvaient indiquer une certaine diachronie dans la séquence stratigraphique.

Les difficultés constatées et les résultats obtenus nous ont permis d'évaluer de manière critique ce à quoi nous étions confrontés, les changements que nous devions réaliser nécessairement dans les outils courants de travail et le processus à suivre pour le reste des recherches.

• La seconde phase a servi à développer les instruments de travail, identifier et décrire toutes les structures salines et commencer l'intégration de données, tant graphiques qu'alphanumériques dans le Système d'Information de Géographie.

Concrètement, cette phase a servi à l'identification et à la description de 2.040 murs, 769 terrasses, 848 puits, 258 entrepôts et 5.648 aires, le tout disséminé sur une étendue de quelque 120.000 mètres carrés, chiffres que confirmaient nos soupçons sur la complexité de l'étude, ainsi que sur la nécessité d'utiliser des outils spécifiques d'analyse pour l'achever.

The analysis carried out by our group, in accordance with the structuring taken into consideration by the Master Plan, was divided into four phases, the development of which we shall briefly explain as follows:

• The first involved an archaeological assessment of the valley by means of a comprehensive study of an area with certain very specific limits. The area chosen was characterized by being in a state of preservation that enabled us to work without risk, great visibility in terms of its structures and by at first glance constructive differences being noted that might indicate certain diachronics in terms of the stratigraphic sequence.

The proven difficulties and the results obtained enabled us to critically assess what we were up against, the changes we needed to make to the usual work tools and the process to be followed during the rest of the research.

• The second phase helped to develop the working instruments, identify and describe all the structures of the salt works and start including both graphic and alphanumeric data in the Geographic Information System.

Specifically, this phase involved the identification and description of 2,040 walls, 769 terraces, 848 wells, 258 stores and 5,648 salt pans, all of them spread out over a surface area of around 120,000 square metres. These figures confirmed

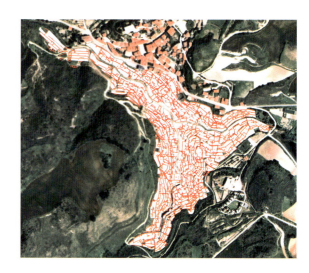

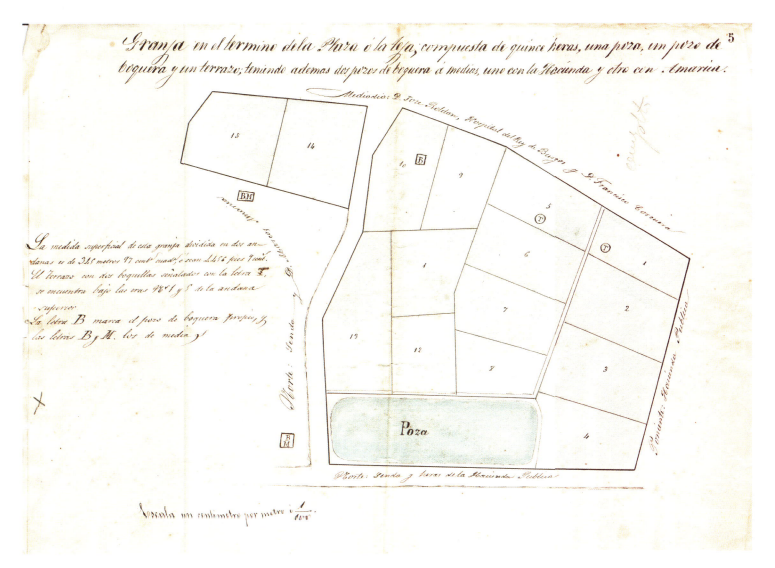

1 Analyse des régions de distribution de la saumure
　Analysis of the brine distribution areas

2 Réseau de murs identifiés sous les plates-formes d'évaporation
　Network of walls identified under the evaporation platforms

3 Plan d'une saline (Fonds Gatzagak)
　Plan of a salt *granja* (Gatzagak Collection)

• La troisième étape du travail a débuté au milieu de l'année 2002. Au cours de celle-ci a été menée à terme l'analyse stratigraphique proprement dite en suivant les directives méthodologiques appliquées pour l'étude des édifices complexes de la cathédrale de Santa María de Vitoria-Gasteiz.

• La quatrième et dernière phase a consisté en l'analyse intégrale des résultats obtenus au cours de l'étape précédente, l'établissement de l'évolution constructive de la Vallée Salée, et replacer les résultats obtenus dans leur contexte historique.

L'idée que l'étude historique et archéologique intégrale des salines ne peut se réduire uniquement à l'analyse stratigraphique des éléments de construction qui la composent a été présente dans le Groupe d'Investigation depuis les débuts du travail, lors de la proposition de l'offre. Nous nous étions déjà aperçus alors que l'analyse stratigraphique était étroitement liée à une autre série d'études qui pouvaient nous fournir des informations non seulement sur les données relatives à l'évolution de la construction des salines, mais également sur l'histoire de la vallée, sur ses propriétaires, ses formes de production du sel, ses sauniers, etc.

Pour cette raison ont été réalisées, parallèlement aux travaux effectués au cours des quatre phases mentionnées précédemment, d'autres études telles que: l'analyse toponymique de la vallée et de son environnement, l'exploration de tout le matériel graphique disponible (photos anciennes, orthophotographies,

our suspicions regarding the complexity of the study, as well as the need to use specific analytical tools to undertake it.

• The third phase of the work got underway in mid-2002. During this time, what strictly speaking constituted the stratigraphic analysis was carried out following the methodological guidelines for the study of complex buildings developed in St. Mary's Cathedral in Vitoria-Gasteiz.

• The fourth and last phase involved the comprehensive analysis of the results obtained during the previous phase.

The idea that a comprehensive historical-archaeological study of the salt works could not simply be confined to a stratigraphic analysis of the constructive elements that comprise it was present in the Research Group since work first got underway, at the time when it submitted its tender to carry out the work. We already noted at that time that the stratigraphic analysis was closely linked to another series of studies that might provide us with information not only about the data regarding the constructive evolution of the salt works, but also of the history of the valley, of its owners, of the methods of salt production and of the salt makers, etc.

For all the above reasons and parallel to the work carried out during the four aforementioned phases, other studies were carried out such as: a toponymic analysis of the valley and its environs, an

1, 2 Variables constructives de la période 1
Constructive variables of period 1

3, 4 Variables constructives de la période 2
Constructive variables of period 2

cartographies de différentes époques, etc.) et la consultation bibliographique et documentaire de toutes les publications et archives contenant des informations relatives à Añana.

Dans les grandes lignes, l'évolution historique et constructive des salines peut être divisée en trois périodes principales:

L'époque préindustrielle

Les infrastructures du complexe productif à cette époque étaient réparties –du moins à partir du Haut Moyen-Âge– dans toute la vallée, entre la source principale située dans la partie haute et l'église de Villacones, située à l'autre extrémité. Les constructions étaient circonscrites à la partie basse des versants, pour exploiter les zones où les travaux de terrassement ne requéraient pas d'efforts importants. Les puits étaient creusés dans la terre, ce qui impliquait le besoin d'extraire continûment la saumure pour procéder à l'arrosage, qui était le système de production employé au cours de cette période pour l'obtention du sel.

L'interventionnisme royal

La Couronne et les producteurs eux-mêmes savent, depuis le XVIe siècle au moins, que le Vallée Salée peut produire beaucoup plus de sel que ce qu'il produit, et que cette défaillance est due en grande mesure aux déficiences infrastructurelles de la phase précédente. A cet effet, les Finances royales promurent entre la fin du

exploration of all the graphic material (old photos, orthophotos, cartography from different periods of history, etc.) and an exhaustive bibliographical and documentary analysis of all those publications and archives containing information about Añana.

Broadly speaking, the historical-constructive evolution of the salt works can be divided into three main periods:

The pre-industrial era

The infrastructures of the productive complex during this period were spread out –at least since the Early Middle Ages– around the whole valley, between the main spring located in the upper part and the church of Villacones at the opposite end of the valley. The constructions were confined to the lower part of the hillsides, taking advantage of those areas where terracing work did not involve too much effort. The wells were dug out of the ground, which resulted in the need to continue extracting the brine so as to then irrigate it, which was the production system used during this period in order to obtain salt.

Royal interventionism

The Crown and the producers themselves already had proof since the 16th century of the fact that the Salt Valley could generate much more salt than it was producing, and that this situation was to a large

XVIIIe siècle et le début du XIXe, une réforme généralisée de la vallée afin d'améliorer la qualité, d'augmenter sa production et d'éviter les importations illégales de sel dans leur domaine de vente. Cette transformation intégrale de la Vallée Salée impliqua la quasi-disparition des phases de construction précédentes, dont n'ont été conservés que quelques éléments qui étaient compatibles avec les innovations techniques adoptées.

L'abandon de la logique de construction

La perte progressive de compétitivité productive vis-à-vis d'autres salines poussa les sauniers à essayer de tirer le plus de profits possibles de leurs propriétés, sans prendre en considération le fait que cela impliquait une dégradation rapide de l'ensemble des salines. La solution adoptée se centra essentiellement sur l'utilisation de ciment en tant que matériel prédominant et d'abandonner les techniques de construction traditionnelles. Cette manière de construire engendra un accroissement considérable de la production –car elle facilitait la collecte du sel– et, par ailleurs, rabaissait considérablement les frais de construction des infrastructures. Toutefois, cette innovation constitua l'origine de la fin des salines, car le matériel employé n'était pas réutilisable.

L'abandon de la production de sel et l'état de ruine actuel d'une grande partie de la vallée est une conséquence des restaurations produisant des résidus impossibles d'evocuer et de la perte de la rentabilité économique à partir des années soixante-dix.

extent due to the deficient infrastructures existing from the previous phase. To this end, the Royal Treasury promoted a general reform of the valley between the end of the 18th and the beginning of the 19th centuries, in order to improve the quality of the salt, increase its production and prevent the illegal importation of salt within the area it was being sold. This comprehensive transformation of the Salt Valley gave rise to the practical disappearance of previous constructive phases, of which only those elements that were compatible with the technical innovations adopted were preserved.

Abandonment of the constructive logic

The steady loss of productive competitiveness in relation to other salt works meant that the salt makers tried to obtain the maximum yield possible from their properties without taking into account the fact that this would entail a rapid deterioration of the salt works as a whole. The solution adopted focused mainly on the use of cement as the predominant material and on the abandonment of traditional constructive techniques. This type of construction resulted in a significant increase in production –as it facilitated salt collection– and, additionally, considerably lowered the cost of building infrastructures. However, this innovation also signified the beginning of the end for the salt works, as the material used could not be reused.

1, 2 Variables constructives de la période 3
Constructive variables of period 3

3 Photographie sur laquelle on apprécie les ères faites en matériel roulé, typiques de la deuxième période, et les ères à surface en ciment du XXe siècle
Photograph in which the salt pans finished with pebbles may be seen, typical of the second period, and cement surface salt pans from the 20th century

4 Évolution du nombre d'ères d'évaporation entre les XVIIe et XXIe (Plata, 2006: 100)
Evolution of the number of evaporation salt pans between the 17th and 19th centuries (Plata, 2006: 100)

Over time, successive repairs to the infrastructures started to generate huge amounts of debris which the *granja* owners did not remove from the valley owing to the complications involved and the high cost of transporting it. All the aforementioned, together with the definitive loss of financial profitability from the 1960s onwards, resulted in the abandonment of salt production, and the consequent state of decline in barely forty years which we now see in much of the valley.

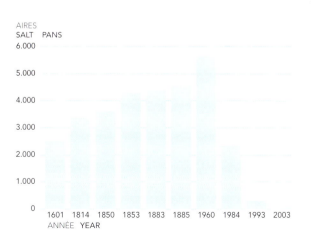

AIRES
SALT PANS

Études architecturales *

Elles englobent les études liées aux matériaux, systèmes de construction et sols d'implantation, état de déformations, charges et tensions; tous les éléments se rapportent aux installations et à l'usage concret des espaces; les éléments relatifs à l'environnement urbain, tant du point de vue de l'infrastructure des services que du point de vue fonctionnel et législatif, les accès, les servitudes, les ordonnances-; ceux d'évaluation formelle, spatiale, etc.

Architectual studies*

This included those studies related to materials, constructive systems and ground movement, state of deformation, loads and stress, all those referring to the state of the installations and the specific use of spaces, those regarding the urban milieu both from the point of view of the infrastructure of services and from the functional and legislative point of view, access, rights of way, bylaws and those involving formal and spatial assessment, etc.

* Landa – Ochandiano Arquitectos
Adresse et coordination
Mikel Landa, Dr. Architecte
Alazne Ochandiano, Architecte
Responsable de projet
Maialen Mayoz, Architecte
Collaborateurs
María de Santiago Ingénieur agronome. Fernando González, Architecte. Estibaliz Buesa, Architecte. Beatriz García-Moncó, Architecte. Oskar Muñoz, Assistant architecte. Ruth Guijarro, Assistant architecte

* Landa – Ochandiano Arquitéctos
Management and coordination
Mikel Landa, Supervising architect
Alazne Ochandiano, Architect
Person in charge of the project
Maialen Mayoz, Architect
Collaborators
María de Santiago, Agricultural engineer. Fernando González, Architect. Estibaliz Buesa, Architect. Beatriz García-Moncó, Architect. Oskar Muñoz, Draughtsman. Ruth Guijarro, Draughtswoman

1 Ères restaurées
   Restored salt pans

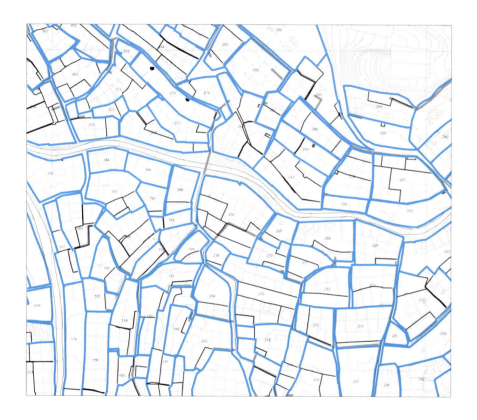 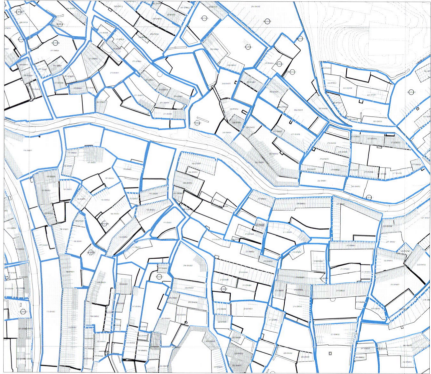

Documentation sur la Vallée salée

La description du monument a été réalisée en l'intégrant au Système d'Information géographique. A cet effet, a été créé un dessin pour chaque élément physique de la Vallée Salée. Mais une telle quantité d'informations devait être structurée et ordonnée, le Vallée Salée a donc été divisé en 384 unités de production

Documentation about the Salt Valley

The description of the monument has been fully carried out in the Geographic Information System. To this end, a sketch was made for each of the physical elements of the Salt Valley. However, such an amount of information needed to be structured and arranged properly, whereby the Salt Valley was

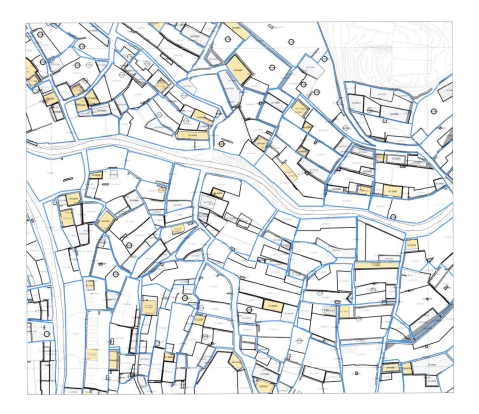

1. Étage niveau supérieur. Ères
   Upper level plan. Salt pans

2. Étage niveau intermédiaire. Réseaux
   Middle level plan. Frameworks

3. Étage niveau inférieur. Murs et puits
   Lower level plan. Walls and wells

(UP), appelées également de restauration. La délimitation de chaque unité ne répond pas à des critères historiques, mais à un ensemble d'aires, de puits, de plates-formes et de trames formant une unité logique, ou ce qui revient au même, ayant la capacité de produire du sel de manière indépendante.

La représentation bidimensionnelle en plan constitue la base de travail du GIS. Les plans ont été créés à partir de cartographies à échelle 1:500, y apparaît associé à chaque élément dessiné un code qui l'identifie et le relie à toute l'information graphique ou alphanumérique issus des différentes études les concernant.

Des dessins tridimensionnels de chaque élément de la vallée ont été associés à la représentation en plan, et permettent une composition générale de la Vallée Salée en trois dimensions. L'information graphique est complétée par des détails de construction de chaque type de construction de la Vallée Salée.

Dans le même temps, ont été introduites des photographies de chacun des éléments de la Vallée Salée, tels que des UP, des aires, des puits, des trames ou des canaux permettant de compléter l'information graphique présente dans la base de données.

divided into 384 Production Units (PUs), also referred to as restoration units. Delimitation of each unit does not correspond to historical criteria, but rather as a set of salt pans, walls, platforms and frames that form a logical unit, or – what essentially boils down to the same thing – one that has the capacity to produce salt independently.

The two-dimensional representation of the ground plan forms the basis for the GIS work. The plans have been devised from cartography on a scale of 1:500 and each of the elements sketched on them is linked to a code which identifies it and relates it to all the graphic or alphanumeric information generated by the different studies about it.

Three-dimensional sketches of the each of the valley's elements have been generated which are linked to the representation of the ground plan, enabling the general composition of the Salt Valley to be composed in three dimensions. The graphic information is completed with constructive details of each of the types of construction in the Salt Valley.

At the same time, photographs have been inserted of each of the elements of the Salt Valley such as PUs, salt pans, wells, frames and channels, which enables graphic information existing in the data base to be completed.

1 Ères sur trames
Salt pans on framework

1 Détail du GIS
Close-up of the Geographic Information System (GIS)

Études de construction

Le développement de l'analyse des typologies de construction a été réalisée dans deux directions; la première d'entre elles a consisté en un catalogage et une classification exhaustive de chacun des différents éléments constituant le Vallée Salée, et d'autre part, l'étude de construction de chacune des typologies et leur fonctionnement. La première partie a été intégrée à la base de données du Système de Gestion, de manière à permettre la création de cartes thématiques simples ou croisées avec le reste de l'information des autres disciplines, et la seconde partie a été utilisée pour établir les critères autorisés ou non dans les futures actions.

Les grands groupes dans lesquels a été introduite l'information associée à la base de données générale ont été: les sources, le réseau de distribution, les puits de stockage, les aires de production et les éléments de communication.

L'étude de l'état de conservation des aires a servi à dessiner des plans d'état de ces dernières, à partir de l'année 1968 et de vérifier de cette manière l'évolution de la dégradation des châssis et des aires de la Vallée Salée.

Enfin, le comportement des différents types de construction de la Vallée Salée a été examiné, donnant lieu à des informations relatives à leur durabilité et à leur facilité d'entretien, pendant que l'on analysait le développement des types de construction au

Constructive studies

The analysis of the constructive typologies were developed in two directions: the first involved exhaustive cataloguing and classification of each of the different elements that make up the Salt Valley and, secondly, the constructive study of each of the typologies and their functioning. The first part incorporated the Management System into the database to enable simple thematic maps or maps cross-referenced with the rest of the information from other disciplines to be created, while the second part was used when establishing the criteria allowed or otherwise in future courses of action.

The large groups in which information linked to the database have been inserted have been springs, the distribution network, storage wells, productive salt pans and communication elements.

Studying the state of preservation of the salt pans has helped to sketch plans of them since the year 1968, and thus to check the evolution of deterioration of the frameworks and salt pans in the Salt Valley.

Lastly, the behaviour of the different types of construction of the Salt Valley have been analyzed, generating information regarding their durability and ease in terms of maintenance while at the same time analyzing the development of types of construction over time, this having a bearing on the whys and wherefores of each of the changes in

cours du temps, en approfondissant sur les raisons des changements de typologies ou de matériels, et les effets bénéfiques ou préjudiciables causés par chaque changement.

typologies or materials and the beneficial or harmful effect that each of the changes experiences has entailed.

1 Puits en bois
  Wooden well

2 Réseau plus fabrique
  Framework plus stonework

3 Matériel roulé
  Pebble

4 Mur en déchet
  Wall made of debris

Études structurelles

Les études structurelles ont été abordées comme un développement ponctuel des études de construction. Certains éléments concrets de la vallée ont été analysés tels que les cimentations, les trames, les fabriques, les plates-formes et les finitions superficielles, afin de créer des modèles permettant de connaître leur comportement actuel et apporter une aide à l'approche de nouvelles interventions.

Études fonctionnelles

Le Vallée Salée ne s'entend pas comme une simple description graphique de ses éléments; cette description est complétée par une étude fonctionnelle de l'activité saline, car celle-ci est en définitive, son support. Une étude de la production de sel dans la vallée a été réalisée, de manière à ce que la connaissance des techniques traditionnelles et la projection de celles-ci dans le futur, permettent de concevoir un plan de production supportant économiquement l'activité future de la Vallée Salée. Ont été traitées également la propriété des aires, leur distribution en «Granjas» et leur actuelle organisation autour de la société Gatzagak.

Structural studies

Structural studies have focused on the precise development of constructive elements. Some specific elements in the valley have been analyzed —foundations, frameworks, factories, platforms and surface finishes— so as to create models that may enable their current behaviour to be known and help to consider new types of intervention.

Functional studies

The Salt Valley is not understood as being a mere graphic description of its elements; this description is completed with a functional study of the salt-making activity that it is – in short, its lifeblood. A study has been carried out on the salt production in the valley so that knowledge of traditional techniques and their influence in the future have enabled a production plan that can economically sustain it to be drawn up. The issue of ownership of the salt pans has also been looked into, as well as how they are arranged in *granjas* and their current organization involving the Gatazagak society.

1, 2, 4 Trames de bois
Wooden frameworks

3 Plate-forme d'évaporation
Evaporation platform

5 Trame en bois plus mur en ciment
Wooden framework plus masonry wall

Plan Directeur pour la récupération intégrale de la Vallée Salée de Salinas de Añana **Master Plan for the full recovery of the Salt Valley of Salinas de Añana** 159

Études du paysage

La personnalité du paysage dans la vallée salée de Salinas de Añana repose sur plusieurs facettes, qui sont très liées. Parmi elles, il convient de souligner les composants minier et industriel, mais tous deux sont à l'origine des salines, et donnent lieu à un paysage architectural et donc, à un monument.

La vallée salée est, enfin, un conglomérat architectural d'éléments divers en typologie et forme, intégré à un paysage naturel, où le temps et le développement du complexe lui-même ont créé des liens entre le monument, l'espace urbain de Salinas de Añana, son paysage et son environnement.

Landscape studies

The personality of the landscape of the Salt Valley of Salinas de Añana is based on several facets which are greatly inter-related. Among them, special mention should be made of the mining and industrial component, as both constitute the source of the salt works, giving rise to an architectural landscape and, as a result, a monument.

The Salt Valley is, ultimately, an architectural conglomerate of varied elements in terms of typology and form inserted in a natural landscape, in which time and the development of the complex itself have steadily created bonds between the monument, the town of Salinas de Añana and its landscape from a landscape and an environmental point of view.

1, 2 Vues de régions restaurées
View of restored areas

Études géologiques*

A partir d'une perspective géologique, la vallée salée de Salinas de Añana est le résultat d'un ensemble d'actions minérales et techniques, dont l'objet a été l'exploitation par évaporation des résurgences hypersalines. L'installation industrielle qui en a découlé est conditionnée par les caractéristiques singulières du substrat évaporitique qui, en plus de créer une hydrogéologie singulière, limite la capacité d'usages du terrain de par ses caractéristiques particulières géochimiques et géotechniques.

L'étude des aspects géotiques a été réalisée en partant de trois points de vue:
1- A partir d'une perspective descriptive de base: stratigraphique, tectonique, géomorphologique, hydrologique, lithologique, etc.
2- Comme géologie économique: ressources minières, roches industrielles, ressources didactiques et culturelles dans les salines mêmes, la formation du diapir, l'ancienne exploitation souterraine de plâtres de Paul, etc.
3- Comme risques géologiques: inondabilité, glissements, érosion, etc.

Suite à l'analyse des points cités, s'est déroulée la seconde étape de l'étude au cours de laquelle ont été développées les activités suivantes:
• En premier lieu, le diagramme de flux ou *flowsheet* du système d'exploitation a été conçu et interprété

Geological studies*

From a geological perspective, the Salt Valley of Salinas de Añana is the fruits of a set of mineralo-technical courses of action, the aim of which has been to exploit the evaporation of hypersaline emergences via evaporation. The resulting industrial installation is conditioned by the unique characteristics of the evaporitical substratum which, in addition to generating a unique hydrogeology, limits the use of the land owing to its peculiar geochemical and geotechnical characteristics.

The study into the geotic aspects of the valley has been carried out from three points of view:
1- From a basic descriptive point of view: stratigraphy, tectonics, geomorphology, hydrology and lithology, etc.
2- As economic geology: mineral resources, industrial rocks, didactic-cultural resources in the salt works themselves, the structure of the diapir, and the former underground exploitation of the Paul gypsum, etc.
3- As geological risks: proneness to flooding, landslides and erosion, etc.

Following the analysis of the aforementioned points, a second study phase got underway during which time the following activities were carried out:
• Firstly, the flow chart of the exploitation system was designed and interpreted, from the salt springs

---

* Luís Miguel Martínez Torres. Département de géodynamique de l'Université du Pays basque.
* Luís Miguel Martínez Torres. Department of Geodynamics of the University of the Basque Country.

** Javier Aróstegui García. Département de Minéralogie et Pétrologie de l'Université du Pays basque.
** Javier Aróstegui García. Department of Mineralogy and Petrology of the University of the Basque Country.

*** Ana Elías Sáenz. Département d'ingénierie chimique et de l'Environnement. ETS d'Ingénierie de Bilbao.
*** Ana Elías Sáenz. Department of Chemical Engineering and Environment. ETS Engineering School of Bilbao.

1 Affleurement d'ophite
  Ophite outcrop
2 Source du Pico
  El Pico spring
3 Mur baigné de saumure
  Wall bathed in brine
4 Source saline dans le lac de Arreo
  Salt spring at Lake Arreo

en partant des sources salines jusqu'à la sortie de la saumure pour sa distribution. Sur ce schéma minéral et technique, a été élaboré un commentaire sur les matériels pierreux employés dans l'exploitation, leur lithologie, volumétrie, provenance, distribution, etc.

• Les risques potentiels externes et internes ont également été analysés. Les premiers font référence aux processus géologiques étrangers à la vallée salée mais qui peuvent se répercuter sur son maintien, et les seconds font allusion à ceux qui peuvent apparaître à l'intérieur de l'exploitation.

• Les activités et les usages pouvant altérer le milieu géotique et donc affecter les salines ont été étudiés. Parmi eux, nous avons prêté une attention particulière au périmètre de protection des résurgences qui fournissent la saumure aux infrastructures productive.

• En quatrième et dernier lieu, ont été décrits les Points d'intérêt géologique de la Vallée Salée et de ses abords immédiats en tant que potentiels didactiques et culturels, les conclusions du travail ont été synthétisées et des propositions pour le maintien du milieu géologique de la vallée salée et de son exposition publique ont été présentées.

D'autre part, a été effectuée, à titre d'étude géologique, une analyse minéralogique des argiles dans les salines" afin d'évaluer également la production de sel, une caractérisation physique et chimique de la saumure des différentes sources de la vallée"' a été exécutée.

to the brine outlet for subsequent distribution. The stony materials used in exploitation, their lithology, titration, origin and distribution, etc. were then commented on based on this mineralo-technical diagram.

• The potential external and internal risks were also analyzed. The former refer to those geological processes outside the Salt Valley but which may have a bearing on its upkeep, and the latter refer to those that may arise inside the salt works.

• Those activities and uses that might alter the geotic milieu and therefore affect the salt works. Among them, special attention has been paid to the groundwater protection of emergences that may flow from the brine to the productive infrastructures.

• Fourthly and lastly, the Geological Points of Interest of the Salt Valley and its immediate surroundings have been described as potential didactic-cultural resources, the conclusions drawn from the work synthesized and proposals put forward for maintaining the geological milieu of the Salt Valley and its exposure to the public.

Furthermore, a mineralogical analysis of the clays present in the salt works" was carried out as part of the geological study, and the physical-chemical characterization of the different springs in the valley were also carried in order to assess salt production"'.

1 Affleurement d'argile dans l'environnement de la vallée
Clay outcrop in the valley area

Études environnementales[*]

La vallée salée de Salinas de Añana et le lac de Caicedo-Yuso sont inscrits à la Listes des Zones humides d'importance internationale de l'Accord de Ramsar depuis l'année 2002.

L'intégration d'une zone humide à la liste implique la reconnaissance internationale de son importance, mais exige l'engagement de maintenir et de préserver ses valeurs naturelles. A cet effet, elle a été également inscrite dans le cadre que procure la Loi de Conservation de la Nature du Pays basque(16/94) à travers les Plans d'Ordonnance des Ressources naturelles (PORN) et les modèles de protection qui y sont établis.

La particularité de la flore des salines repose sur l'existence d'une série d'espèces liées à des milieux salins (végétation halophile). Ce type de plantes a développé des stratégies vitales suffisantes pour ne pas être victimes, en principe, de grands risques lors des terrassements liés aux travaux de réhabilitation des aires, même si leurs populations peuvent se voir réduites et isolées. A cet effet, pour maintenir une représentation bien structurée de cette communauté végétale, a été proposée la création à Añana d'une zone de «micro réserve botanique».

La faune de la vallée salée est composée dans sa totalité d'invertébrés. Parmi eux, il convient de souligner: les crustacés Artemia parthenogenetica et Cletocamptus sp., ainsi que les coléoptères qui vivent

Environmental studies[*]

The Salt Valley of Salinas de Añana and Lake Caicedo-Yuso have been included in the Ramsar List of Wetlands of International Importance since 2002.

The inclusion of a wetland in this list implies the international recognition of its importance, but also demands a commitment to maintaining and preserving its natural values. For this reason, it has also been registered within the framework provided by the Law governing Nature Preservation of the Basque Country (16/94) via the National Resources Management Plan (PORN) and the protective figures laid down in it.

The peculiar nature of the flora of the salt works is based on the existence of a series of species linked to saline environments (halophilic vegetation). These types of plant have developed vital strategies so that, in principle, it would seem there has been no serious risk involving the removal of land linked to restoration work carried out on the salt pans, although their numbers may become reduced and their populations isolated. Thus, to maintain a well-structured representation of this plant community, the setting-up of a "botanical micro-reserve" in Añana has been proposed.

The halophilic fauna of the Salt Valley is made up entirely of invertebrates. Among them, special mention should be made of the following:

[*] Nekazal Ikerketa eta Teknologia S.A. Responsable du projet: Álvaro Avalos Fossati. Rédacteurs: Clara Icaran Souville, Marta Olalde Fernández, Daniel Sáenz García et Pedro Miguel de Francisco Pastor.

[*] Nekazal Ikerketa eta Teknologia S.A. Person in charge of the project: Álvaro Avalos Fossati. Editors: Clara Icaran Souville, Marta Olalde Fernández, Daniel Sáenz García and Pedro Miguel de Francisco Pastor.

1 Rivière Muera
Muera River

dans la saumure. La présence de ces espèces semble pouvoir être garantie si sont maintenues les méthodes traditionnelles d'obtention du sel et de gestion des puits. Toutefois, il est conseillé de réaliser des travaux périodiques de suivi de ces populations et de prendre toutes les précautions possibles pour éviter l'introduction d'espèces étrangères.

D'autre part, a été examinée également la possibilité de récupérer la valeur naturelle de l'environnement de la vallée salée. Il s'agit en général de versants ayant en commun un passé d'exploitation forestière, agricole, de pâturage et d'incendie régulier. Actuellement, ils présentent un aspect dénué d'arbres, avec un certain regain de végétation naturelle, on en déduit donc une récupération de son ancienne couverture arborée et arbustive, soit à travers la consolidation naturelle de cette végétation soit à travers sa reforestation. On prétend avec cela atteindre différents objectifs: a) la protection du sol et des eaux face aux risques d'érosion dans le bassin versant, b) une amélioration paysagère, c) une régénération de la couche végétale autochtone et d) une correction écologique et paysagère des points détériorés.

Le terme de reforestation est synonyme de repeuplement forestier et peut être défini comme l'ensemble des techniques devant être appliquées pour créer une masse forestière, formée d'espèces végétales ligneuses (arbres ou arbustives), un boisement qui doit être stable avec le milieu et répondant aux

the crustaceans *Artemia parthenogenetica and Cletocamptus sp.*, as well as the coleopterons that inhabit the brine. The presence of these species would appear to be assured as long as the traditional methods of obtaining salt and management of the wells are maintained. However, it is advisable to carry out periodic monitoring work on these populations and to take precautions to prevent the introduction of foreign species.

On the other hand, the recovery of the natural value of the surroundings of the Salt Valley has also been studied. Broadly speaking, this concerns hillsides that have a common link with a past involving forestry, farming, grazing and periodic fires. They are currently treeless with a certain reappearance of natural vegetation being apparent, which is why the recovery of their former tree and bush canopy is proposed either via the natural development of this vegetation or via reforestation. The aim of this is to achieve the following: a) protection of the ground and water against risks of erosion on the slopes of the basin, b) landscape improvement, c) regeneration of the native plant canopy and d) ecological and landscape correction of specific degraded areas.

The term reforestation is a synonym for forest repopulation and may be defined as the set of techniques that need to be applied to create a forest mass comprising woody plant species (trees and bushes), which is stable with the milieu and achieves

1 Lac de Caicedo-Yuso
  Lake Caicedo-Yuso

2 Flore dans la vallée
  Flora in the valley

3 Rivière Muera
  Muera River

4 Flore dans un puits abandonné
  Flora in an abandoned well

5 *Artemia Salina* (www.captain.at)
  Artemia Salina (www.captain.at)

objectifs visés. Dans le cas qui nous intéresse, l'un des objectifs principaux est celui de la protection des salines et de leur environnement, car ce type de masses forestières procurent des effets bénéfiques indirects dérivés de leur simple existence: régulation hydrique, protection du sol, conservation de la vie sylvestre, etc.

Une autre des activités développées par ce groupe d'études du Plan directeur a consisté en la conception d'itinéraires touristiques et éducatifs. Au total, trois parcours ont été proposés aux alentours de Añana, partant de la ville dans différentes directions: sud, nord et est. Dans les trois cas, il s'agit d'itinéraires de faible difficulté —quelques uns plus plats que d'autres— pouvant être parcourus à n'importe quelle époque de l'année.

the aims required of it. In the case we have here, one of the main objectives is to protect the salt works and their surroundings, as these types of forest mass provide indirect benefits deriving from their mere existence: water regulation, ground protection and preservation of wildlife, etc.

Another of the activities developed by this Master Plan study group involved the design of tourist-educational itineraries. In total, three routes were proposed around Añana which start from the town and head off in different directions: south, north and east. All three are routes that present little difficulty —some more on the flat than others— that may be walked at any time of the year.

Études socio-économiques[*]

La finalité des travaux effectués a été de déterminer et d'aborder –à différents niveaux– l'impact socio-économique que pouvaient créer la réhabilitation et l'entretien du patrimoine, tant historique et architectural que naturel de la vallée salée de Salinas de Añana. On a souhaité ainsi énoncer et évaluer les différentes alternatives de gestion –également dans différents domaines– pouvant favoriser le fait que la réhabilitation socio-économique garantisse un maintien du patrimoine restauré et que celui-ci puisse être partiellement autofinancé par l'action commune de l'initiative publique et privée.

Pour atteindre ces objectifs, on a pris en considération au cours de l'étude le fait que dans le développement des activités potentielles ainsi que dans la proposition d'alternatives de gestion, les intérêts des agents socio-économiques composant l'environnement des salines et de leur région doivent être retenus. Les raisons à cela sont que les agents constituent les éventuels promoteurs de projets qui, conformément au contexte existant, peuvent consolider la stratégie globale de la récupération.

Les études réalisées ont été les suivantes:
• Analyse de la gestion organisationnelle et financière de la Vallée Salée à partir de l'actuelle communauté de propriétaires Gatzagak S.A.

Socio-economic studies[*]

The aim of the work carried out has been to determine and consider the socio-economic impact on different levels of the possible regeneration and maintenance of both the historical-architectural and natural heritage of the Salt Valley of Salinas de Añana. Likewise, an attempt has been made to stipulate and assess the different management options –also in different areas– which might create a favourable atmosphere for the socio-economic reactivation being promoted to ensure maintenance of the heritage restored and that this could be partially self-financed by the common action of public and private initiatives.

To achieve these objectives, the fact that the interests of the socio-economic agents present in the surroundings of the salt works and the region must be taken into consideration have been taken into account throughout the study, both in terms of the development of potential activities and the proposal of different management options. The reason for this is that these agents are the possible driving forces of projects that, in harmony with the existing scenario, may consolidate the global recovery strategy.

The studies carried out have been as follows:
• Analysis of the organizational and financial management of the Salt Valley via the current community of owners, Gatzagak S.A.

[*] Nekazal Ikerketa eta Teknologia S.A. Responsable du projet: Álvaro Avalos Fossati. Rédacteurs: Eider Arrieta Langarika et Clara Icaran Souville.

[*] Nekazal Ikerketa eta Teknologia S.A. Person in charge of the project: Álvaro Avalos Fossati. Editors: Eider Arrieta Langarika and Clara Icaran Souville.

1 Vue de la vallée de San Cristóbal
View of the valley from San Cristóbal

• Conception de la structure organisationnelle de l'institution qui doit encourager et organiser les mesures proposées par le Plan directeur.
• Étude de la gestion économique et éventuelles sources de financement public et privé.
• Registre des conditionnants réglementaires et approche territoriale: NNSS municipales, PTP de Álava Central, PTS Agroforestal y del Medio Rural,…
• Analyses des potentiels existants à l'égard de la création d'une structure de développement socio-économique autour de Salinas de Añana et de son canton.
• Liste des promoteurs (publics et privés).
• Liste des ressources existantes au niveau cantonal avec potentiel à usage touristique et culturel, équipements, accès, voies...
• Étude sur les possibilités du noyau salin et de son environnement à titre de produit touristique et culturel, services, activités et besoins concrets.
• Catalogue d'usagers potentiels des services et installations.
• Développement de la méthodologie visant l'intégration des différentes initiatives au projet global et analyse de sa viabilité.

• Design of the organizational structure that needs to be promoted and to organize the measures put forward by the Master Plan.
• Study into financial management and possible sources of public and private funding.
• Register of the regulatory conditioners and territorial planning: municipal subsidiary regulations (NNSS), Central Álava Partial Territorial Plan (PTP), Agroforestry and Rural Milieu Sectorial Territorial Plans (PTS), etc.
• Analysis of the potentialities existing with regard to the creation of a socio-economic development structure around Salinas de Añana and its region.
• Inventory of promoters (public and private).
• List of existing resources on a regional level with potential for tourist-cultural use, facilities, access and roads, etc.
• Study into the possibilities of the nucleus comprising the salt works and their surroundings as a tourist-cultural product, services, activities and specific needs.
• Catalogue of potential users of the services and installations.
• Development of the methodology for integrating the different initiatives put forward within the global project and an analysis of their viability.

1, 2, 3 Vues de la ville
View of the town centre

Information management system[*]

The extent of the Salt Valley of Añana, in addition to the constant transformations it has experienced over time, have lent it a degree of complexity that has made it necessary to compile and structure all the information generated by the different teams forming part of the Master Plan in a computerized structure.

The best option for this type of requirement is to use a Geographic Information System (GIS). The advantage of this type of programme lies in its capacity to manage and relate graphic data with alphamuneric data and also —as far as it permits this— to analyze and represent information in an adaptable and simple way using different applications.

The best tool chosen was based on a Desktop GIS existing on the market (Geomedia from Intergraph), as its database management system was a programme familiar to the different teams (Microsoft Office Access) and enabled the data to be inserted and related to the geographical base required for the project —both raster and vector— without too much complication.

The work carried out in order to implement the Salt Valley Management System was as follows:
• Design of the data model. According to the needs of each team taking part in the Master Plan, a graphic and alphanumeric information structure was

[*] Geograma S.L. Project Coordinator: Juan Miguel Álvarez Paredes. Persons in charge: Alberto Manero Oliva and Patricia Malaina García de Cortazar.

1 Analysis of the possibilities of distributing brine by gravity

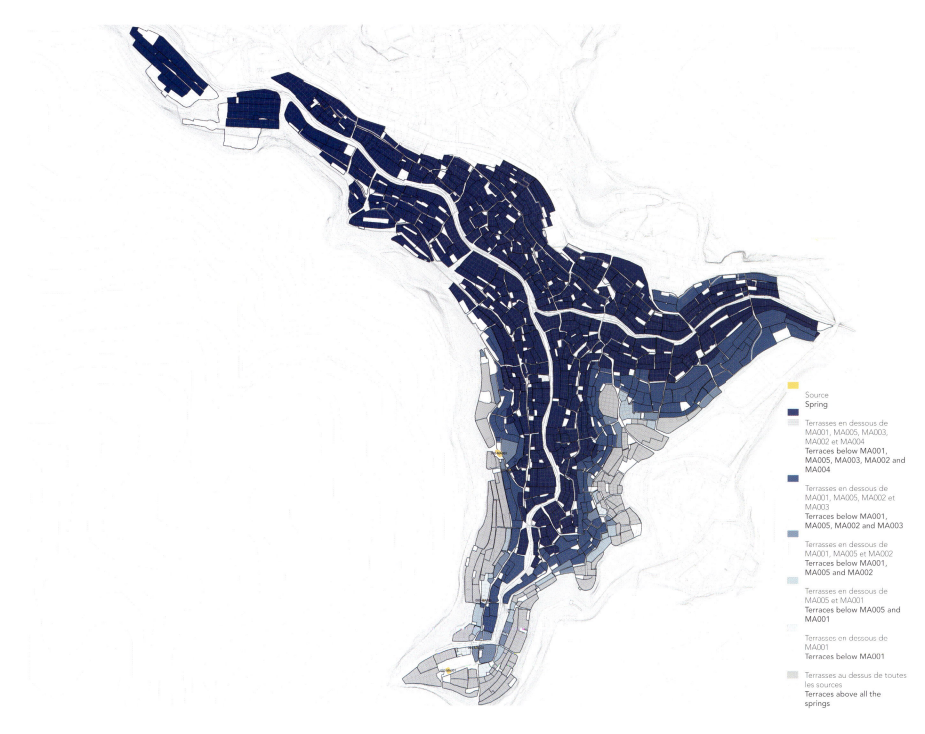

Plan Directeur pour la récupération intégrale de la Vallée Salée de Salinas de Añana **Master Plan for the full recovery of the Salt Valley of Salinas de Añana** 175

tant graphique qu'alphanumérique, où se trouvent les données créées au cours de l'étude de la Vallée Salée. Ainsi, a été conçu le schéma fonctionnel des différentes applications chargées de l'analyse et de la gestion des informations saisies, et qui ultérieurement, ont été fondamentales pour la prise de décisions dans la rédaction du Plan directeur.

• Développement d'applications d'analyse et de gestion. Une fois les données graphiques et alphanumériques, qui sont reliées à l'aide d'un code, saisies dans le GIS, le pas suivant a été de développer de nouvelles applications de consultation, d'analyse et de gestion.

En fonction des résultats qu'elles ont fournis, les applications les plus significatives ont été les suivantes:

• Cartes thématiques. Les différents éléments de la saline (aires, canaux, puits, etc.) présentent des attributs sous forme de couleurs ou de trames en fonction des sujets analysés. Le résultat est constitué de plans dynamiques, c'est à dire que les couleurs ou les types de ligne apparaissant ne sont pas fixes, mais dépendent de l'attribut. Ce qui signifie que si l'attribut est modifié, le plan change également. Il est possible de cette manière de gagner sur les efforts pour maintenir les plans thématiques, puisqu'il suffit de maintenir l'information alphanumérique.

• Superposition et analyse. Le système de gestion a permis de réaliser les travaux d'analyses basés sur les relations spatiales des différents éléments codés à

put together containing the data generated during the study of the Salt Valley. Likewise, the functional outline of the different applications used to analyze and manage the information inserted was designed; this was then essential for decision-making in drafting the Master Plan.

• Development of analytical and management applications. Once the graphic and alphanumeric data were introduced into the GIS, which are related using an encoding system, the next step was to develop new applications for consultation, analysis and management.

According to the results provided, the most noteworthy applications have been as follows:

• Thematic maps. The different elements making up the salt works (salt pans, channels, wells, etc.) display attributes in the form of colours or sections, according to the subjects researched. The resulting plans are dynamic ones – that is to say, the colours or the types of line that appear are not fixed, but rather depend on the attribute. Therefore, if the attribute is modified, so is the plan. In this way, the effort needed to maintain the thematic plans is avoided as only the alphanumeric information needs to be maintained.

• Superposition and analysis. The management system has enabled analytical work to be carried out based on the spatial relations of elements which have been encoded for such purpose. In so doing, the

1 Gestion de références graphiques et alphanumériques dans le GIS
Graphic and alphanumeric data management in the Geographic Information System (GIS)

2 Montons de sel
Piles of salt

cette fin. Il a été possible grâce à cela de combiner les données des études historiques, archéologiques, constructives, paysagères, fonctionnelles et économiques dans la phase d'analyse du Plan directeur.

Pour la conception des différentes applications, de gestion comme d'investigation, il est vital d'aborder le sujet de la réponse que nous souhaitons obtenir. Dans notre cas, voici quelques unes des opérations d'analyse effectuées:

• Étude des réseaux de distribution pour déterminer la relation des puits et des aires auxquels ils fournissent de l'eau.
• Évaluation des coûts de restauration en fonction de chacune des hypothèses de travail étudiées au cours du développement de la phase de propositions du Plan directeur.
• Établissement des étapes de restauration, nombre d'aires et surface en fonction des paramètres saisis dans la base de données.
• Analyses chronotypologiques des variables constructives des infrastructures salines pour la détermination des phases de l'évolution historique de la vallée salée.
• Analyses de la consommation de saumure de chaque source de la vallée salée en fonction de chaque hypothèse de travail pour connaître, de cette manière, la disponibilité de saumure pour d'autres activités futures éventuelles (production de différents types de sel, station thermale, élevage d'artémies, etc.).

data from the historical, archaeological, landscape, functional and economic studies were able to be combined in the analytical phase of the Master Plan.

When designing the different applications –both management and research ones– it is of vital importance for us to consider the question of what we want them to provide for us. In our case, the following are some of the analytical operations that have been carried out:

• Study into the distribution networks to determine the list of wells and salt pans to which they supply water.
• Assessment of the restoration costs according to each of the working hypotheses weighed up in the course of developing the proposal phase of the Master Plan.
• Establishment of the restoration phases, number of salt pans and surface area according to the parameters introduced in the database.
• Chronotypological analyses of the constructive variables of the salt work infrastructures in order to determine the historical phases of evolution of the Salt Valley.
• Analysis of brine consumption of each of the springs in the Salt Valley according to each of the working hypotheses in order to thus find out the availability of brine for other possible future activities (production of different types of salt and the breeding of Artemia crustaceans, etc.).

6 Restauration de la Vallée Salée

Parmi les objectifs prioritaires que nous abordons depuis le début du projet se trouve la récupération intégrale des salines de Añana. Toutefois, une des déductions à laquelle est parvenue l'équipe multidisciplinaire ayant participé à la rédaction du Plan directeur, est qu'il n'est pas possible de récupérer la vallée pour en faire une fabrique de sel industriel, et qu'associer cette activité à d'autres de différente nature qui, fonctionnant de manière symbiotique, exploitent les valeurs de la saline et de son environnement (archéologiques, environnementales, paysagères, géologiques, etc.) constitue une condition *sine qua non* pour se régénérer mutuellement.

    Restaurer un complexe de ces caractéristiques implique un mode de construction différent, se distinguant non pas tant par la complexité technique des solutions, mais par le caractère pratique, rural et technologiquement simple, résultat d'une parfaite adaptation de l'homme au milieu qui l'entoure depuis des milliers d'années. C'est pourquoi il est si important de connaître l'évolution historique et architecturale des salines depuis leurs origines, il est ainsi possible d'apprendre des erreurs commises par le passé, pour ne pas les renouveler à l'avenir.

6 Restoration of the Salt Valley

Among the main objectives we have been considering since the project first got underway was the full recovery of the salt works of Añana. However, one of the deductions reached by the multidisciplinary team that has taken part in drafting the Master Plan is that it is not feasible to recover the valley for the purpose of converting it into an industrial salt factory, but rather that it is a sine qua non condition that this activity should be combined with others of a diverse nature which, by functioning symbiotically, take advantage of the values of the salt works and their surroundings (archaeological, environmental, landscape and geological, etc.) in order for them to be mutually regenerated.

    Restoring a complex with these characteristics involves becoming immersed in a different method of construction characterized not so much by the technical complexity of the constructive solutions, but rather by the empirical nature of practical, rural and technologically simple architecture – the fruits of a perfect adaptation of man to the milieu that has surrounded him for thousands of years. That is why it is so important to know the historical and architectural evolution of the salt works since the time of their origins, as in this way it is possible to learn from the mistakes of the past so that they are not repeated in the future.

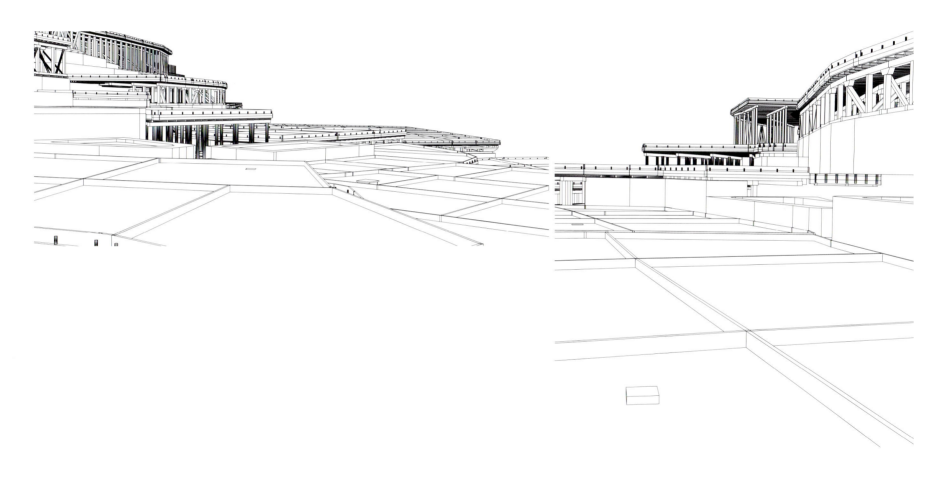

1, 2 Vues générales. Zone restaurée
General views. Restored area

Restauration de la Vallée Salée **Restoration of the Salt Valley**

Restauration expérimentale

La première phase d'évaluation du Plan directeur a mis en évidence le besoin d'expérimenter directement sur la réalité constructive et historique de la vallée salée. A cet effet, la décision a été prise d'intervenir dans une zone concrète des salines. A travers cette manière d'agir, nous tentons en premier lieu, d'acquérir les connaissances nécessaires qui nous informeront des méthodes et des outils les plus adaptés afin d'affronter à l'avenir une restauration intégrale du complexe non agressive avec son passé, et en second lieu, bien que non moins important, nous prétendions rompre la tendance dégénérative de l'exploitation, en montrant à la société qu'il était possible de faire face aux possibilités de succès d'un projet de cette envergure.

Restauration ouverte

L'intérêt qu'a créée chez les citoyens la restauration de l'un des ensembles patrimoniaux les plus significatifs du territoire a poussé à penser les travaux de restauration à la manière d'une exposition permanente. De cette manière, parmi nos objectifs principaux se trouve celui de rendre compatibles les travaux de récupération, l'étude et la production de sel dans les zones restaurées avec les visites touristiques. Ainsi, nous permettons aux spécialistes eux-mêmes de diffuser les connaissances acquises, et nous parvenons à faire connaître et suivre pas à pas aussi bien le développement de l'intervention que le cycle de production du sel.

Experimental restoration

The first phase of assessment of the Master Plan made clear the need to experiment directly with the constructive and historical reality of the Salt Valley. To this end, the decision was taken to intervene in a specific area of the salt works. Acting in this way, we tried firstly to acquire the know-how necessary for us to be informed about the most suitable methods and tools required to tackle a full, non-aggressive restoration of the complex in the future in harmony with its past; secondly, albeit no less important than the first point, we attempted to remove the degenerative trend apparent in the salt works by showing society that it was possible to tackle a project of this magnitude with the chance of success.

Open restoration

The interest generated among citizens in the restoration work of one of the most important heritage sites in the region has meant that other types of restoration work have had to be considered, as if it were a permanent exhibition site. In this way, among our objectives is to make the recovery work, study and production of salt in the restored areas compatible with tourist visits. We thus enable the specialists themselves to disseminate the know-how acquired and the visitor may find out about both the development of the intervention and the salt production cycle, following this step-by-step.

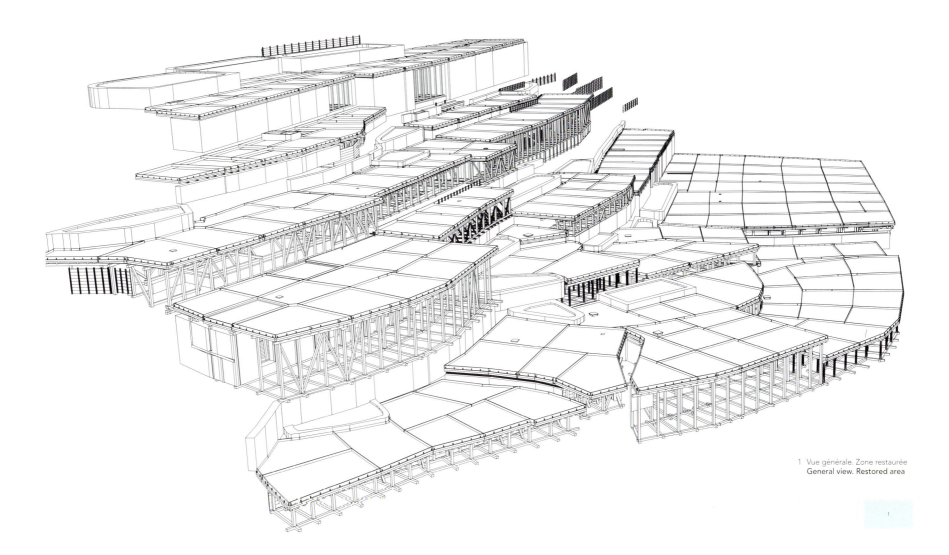

1 Vue générale. Zone restaurée
General view. Restored area

Restauration de la Vallée Salée **Restoration of the Salt Valley**

Méthode de restauration

La philosophie des travaux de restauration a été d'éviter l'emploi de techniques incompatibles avec le mode de construction traditionnelle de la Vallée Salée, puisqu'il a été démontré que l'introduction de nouveaux matériaux et techniques peut créer à l'avenir des pathologies irréversibles.

Les expériences préliminaires ont mis en évidence le fait qu'en raison de la topographie complexe du lieu, la faible qualité du sol, et les conditions d'humidité et de température auxquelles sont soumis les matériaux de construction, la solution la plus appropriée était d'employer des éléments et des techniques développés par les sauniers au long de l'histoire (murs de pierre, châssis de bois et d'argile). Toutefois, dans certains cas, suite aux essais opportuns, on a essayé d'intégrer de légères modifications, n'affectant pas la physionomie des constructions traditionnelles, mais permettant d'accélérer les travaux de restauration et accroître leur durabilité.

Method of restoration

The philosophy behind the restoration work has been to avoid the use of any technique that would be deemed incompatible with the traditional method of construction of the Salt Valley, as it has been proven that the introduction of new materials and techniques can generate irreversible pathologies in the future.

Previous experiences made it clear that, due to the complex topography of the place, the low quality of the soil and the humidity and temperature conditions to which the building materials are subjected, the best option was to use the same elements and techniques that the salt makers have developed throughout history (stone walls, wooden frames and clay). Notwithstanding, in some cases following the relevant tests, an attempt has been made to incorporate slight variations, but ones which enable restoration work to be speeded up and durability to be increased.

1 Pieds droits existants. Solives neuves
Existing straight feet. New small joists

2 Montage en trames
Framework assembly

3 Transformation des terrasses en escalier
Transformation of *terrazas* into terracing

184 Restauration de la Vallée Salée **Restoration of the Salt Valley**

1. Matériel roulé
   Pebble

2. Traitement d'un bois par immersion dans la saumure
   Treatment of wood by immersion in brine

3. Finition des dalles de pierre calcaire
   Termination of limestone in slabs

4. Ères en dalle en fonctionnement
   Salt pan slabs in operation

5. Dans l'argile
   Treading on clay

6. Reconstruction de la surface d'une ère
   Reconstructing salt pan surface

7. Aménagement de chemin
   Repairing a path

Restauration de la Vallée Salée **Restoration of the Salt Valley**

1 Reconstruction d'une ère de sel
  Reconstruction of a salt pan

2 Vue générale des ères restaurées
  General view of restored salt pans

Restauration de la Vallée Salée **Restoration of the Salt Valley**

Récupération des canaux en bois

Les premières actions de restauration dans la vallée salée ont eu pour objet la récupération du réseau de canaux en bois. Leur importance réside dans le fait que les infrastructures requièrent pour être conservées en bon état d'être imbibée de manière permanente de saumure.

Dans la reconstruction du réseau de conduites, tout le matériel disponible a été réutilisé. Comme cela n'était pas suffisant, il a été nécessaire de construire de nouveaux châssis à l'aide de troncs de bois qui ont été évidés dans l'exploitation même, avec un instrument mécanique développé à cette fin, le vidage manuel étant extrêmement coûteux. Pour les appuis en hauteur, ont été utilisés des pieds droits en bois et les unions entre canaux ont été imperméabilisées avec de l'argile.

Recovery of the wooden channels

The aim of the first restoration actions carried out in the Salt Valley was to recover the network of wooden channels. Their importance lies in the fact that the productive infrastructures need to be soaked continuously with brine in order to remain in good condition.

All the available material was reused in reconstructing the piping network. As this proved to be insufficient, it was necessary to build new sections using wooden logs that had been hollowed out in the salt works itself by means of a mechanical device developed for the task, as manual hollowing out proved extremely costly. For the high supports, straight wooden feet were used, and the joints between channels were made watertight with clay.

1 Royo de Quintana
   Quintana *royo* channel

2, 3, 4 Vues de canaux
   View of channels

5 Canal sur pieds droits
   Channel on straight feet

Restauration de la Vallée Salée **Restoration of the Salt Valley**

Aménagement des chemins intérieurs

Il existe deux types de chemins à l'intérieur de la Vallée Salée: les principaux et les secondaires. La fonction des premiers est de faciliter l'accès de la ville aux salines, et aux grands parcours. En revanche, les seconds sont généralement des tronçons courts qui permettent de relier les infrastructures entre elles.

Les seules voies permettant d'accéder à l'intérieur de la saline avec des machines pour le transport des matériels de restauration sont les lits des rivières, car la morphologie du reste des sentiers résulte de l'adaptation à la topographie complexe de la vallée, s'agissant, dans la plupart des cas, d'espaces résiduels se trouvant entre les aires et les puits.

Le besoin de rendre plus sûre et accessible la circulation dans les salines —aussi bien pour les travaux de restauration et de production que pour faire de la vallée un produit touristique— a contraint à aménager les principaux chemins et sentiers, qui ont bénéficié d'un nouveau revêtement, des passages ont été ouverts pour les voies d'eau superficielles, et des éléments de protection latérale ont été posés.

Fitting out the inner paths

There are two types of path inside the Salt Valley: the main ones and the secondary ones. The purpose of the former is to facilitate access from the town to the salt works and the long-distance routes. In contrast, the latter are generally short sections linking the infrastructures to each other.

The only paths that enable the inside of the salt works to be accessed with machinery for transporting the restoration materials are the river channels, as the morphology of the other paths constitute the fruits of adaptation of the complex topography of the valley –in most cases, these are residual areas existing between the salt pans and the wells.

The need to make movement around the salt works safer and more accessible –both for restoration work and production and to transform the valley into a tourist product– has resulted in the need to fit out the main paths. This has meant an improvement in the surface, crossing points for the surface water channels have been opened up and protective elements have been fitted on the sides.

1 Chemin général
  General path

2 Chemin entre ères
  Path between salt pans

3 Chemin aménagé près d'un canal restauré
  Path fitted out beside a restored channel

4 Marches en matériel roulé
  Pebble steps

Restauration de la Vallée Salée **Restoration of the Salt Valley**

Les plates-formes d'évaporation

The evaporation platforms

La manière de construire les bassins de cristallisation est identique dans toute la saline, bien qu'il existe de légères variations dans les éléments qui les forment en fonction de la topographie. La plupart des exemples documentés sont dressés par un mur de ciment sur lequel s'appuient les dormants en bois qui constituent la base de la structure. Sur celle-ci repose une série de pieds droits en bois qui supportent un châssis en solives faisant office d'appuis au plancher de bois, qui est en définitive, ce qui forme la surface horizontale supportant la couche sur laquelle s'effectue le processus de cristallisation de la saumure.

La dernière partie des bassins est formée par une strate épaisse qui présente, en moyenne, une vingtaine de centimètres, et sert de base à une fine couche d'argile, également connue sous le nom de «tierra buena» (bonne terre). D'après les études réalisées par l'équipe d'archéologie, les aires ont été achevées avec ce type d'argile jusqu'au XVIIIe siècle, au XIXe siècle, la qualité et la blancheur du sel ont été améliorées avec une couche de matériel roulé, et depuis la première moitié du XXe siècle, on commença à en appliquer sur tout le ciment, ce qui améliorait davantage le système de production.

The means of constructing the crystallization pool is similar throughout the salt works, although there are slight variations in the elements they comprise depending on the topography. Most of the examples documented are made up of a masonry wall that supports the wooden sleepers that form the base of the structure. Above this is a series of straight wooden feet that help to support the wooden plank which is, in short, the one making up the horizontal surface that supports the layer upon which the brine crystallization process is carried out.

The last part of the pools comprises a thick clay stratum which on average is of around twenty centimetres and is used as a base for a fine layer of clay, also known as *tierra buena* ("fine earth"). According to the studies carried out by the archaeological team, the salt pans were finished off using this type of clay until the 18th century; in the 19th century, the quality and whiteness of the salt was improved using a layer of pebbles and, after the first half of the 20th century, cement started to be added to the top of the whole, as this improved the production system even further.

1 Section de plate-forme
  Section of platform

2 Surface d'ères
  Surface of salt pans

3 Niveau supérieur. Unités de production
  Upper level. Production units

4 Niveau supérieur. Ères
  Upper level. Salt pans

5 Niveau intermédiaire. Trames supérieures
  Middle level. Upper frameworks

6 Niveau inférieur. Trames inférieures, puits type boquera et entrepôt de sel
  Lower level. Lower frameworks, *boquera* "hollow-type" wells and salt stores

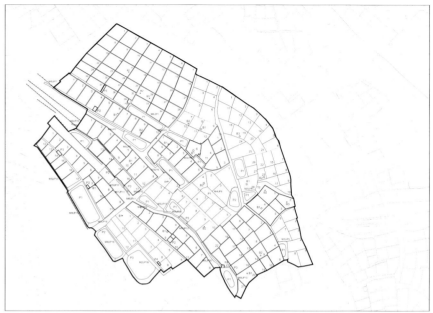

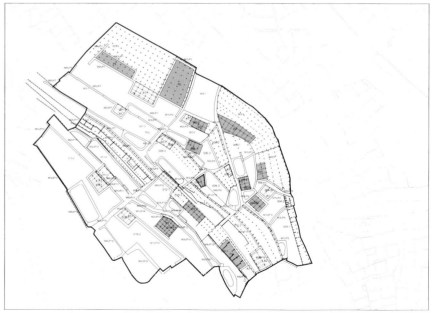

Restauration de la Vallée Salée **Restoration of the Salt Valley**

La restauration des aires

Jusqu'ici cent trente et une aires de cristallisation ont été récupérées. Les travaux réalisés dans chacune d'entre elles ont consisté à éliminer en premier lieu la cause d'une bonne part des pathologies dont souffre la vallée, le ciment, ensuite elles ont été reconstruites telles qu'elles étaient fabriquées au XIXe siècle, en disposant sur le plancher de bois une couche d'argile pour imperméabiliser l'ensemble et sur elle du matériel roulé.

Pendant les tâches de restauration, les éléments qui présentaient un état de détérioration très prononcé ont été remplacés, en faisant en sorte de respecter et de récupérer tous les matériels –matériel bois, ciment et argile– qui se trouvaient encore en conditions de remplir leurs fonctions. Cependant lorsqu'il a fallu recourir à un nouveau bois, on a choisi le pin sylvestre, étant donné que les études effectuées ont démontré que c'est l'espèce de bois dominante dans les châssis de la vallée.

Le besoin de produire un sel de qualité apte à la consommation ne permet pas l'emploi d'agents chimiques pour la protection du bois. La méthode choisie a donc consisté en une immersion prolongée dans des puits remplis de saumure pour que le sel lui-même le protège.

Restoration of the salt pans

So far, a hundred and thirty-one crystallization pans have been recovered. The work carried out on each of them has consisted of firstly removing the cause of much of the pathologies suffered by the valley –the cement– and they have then been reconstructed as they were made in the 19th century by placing a layer of clay on top of the wooden plank to make the whole watertight, with pebbles on top of this.

In the course of restoration work, only those elements that evidenced very marked deterioration have been replaced in an attempt to respect and recover all the materials –pebbles, wood, masonry and clay– that remained in operational condition. Notwithstanding, where new wood was required, Scots pine was chosen owing to the fact that the studies carried out showed it to be the dominant species of wood in the frames existing in the valley.

The need to produce quality salt suitable for consumption made it impossible to use chemical agents to protect the wood. For this reason, the method chosen involved its prolonged immersion in wells filled with brine so that the salt itself would protect it.

The clay or "fuller's earth" used for making the restored salt pans and wells watertight comes from a quarry dug specially for the occasion near the valley.

1, 2 Travail du plancher
Working on the planking

3 Installation de pente périmétrale
Fitting a perimeter slab

4 Installation de plancher
Fitting planking

5 Exécution de l'imperméabilisation en argile
Making the clay waterproof

Restauration de la Vallée Salée **Restoration of the Salt Valley** 195

L'argile ou «limon» employée pour l'imperméabilisation des aires et des puits restaurés provient d'une carrière ouverte pour l'occasion à proximité de la vallée.

Pour ce qui est des techniques de construction, les variations par rapport aux techniques traditionnelles résident dans le recours à de plus grandes sections du bois pour certains éléments, et dans l'utilisation d'outils modernes pour le travailler, bien que l'on ait continué à utiliser des chevilles de bois pour assembler les éléments ligneux, car l'effet corrosif du sel déconseille l'usage de métal dans ce cas.

As far as constructive techniques are concerned, variations in terms of traditional ones involved the use of large section pieces of timber in certain elements and the use of current tools for working it, although wooden pegs were used to join the ligneous elements as the corrosive effect of the salt made the use of metals unadvisable for such purpose.

Criterio de Restauración Tipo Siglo XVIII
Base y Acabado de Arcilla

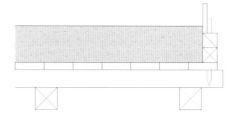

Criterio de Restauración Tipo Siglo XIX
Base de Arcilla y Acabado de Canto Rodado

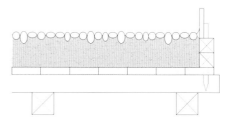

1, 2 Critères de restauration des ères
   Criteria for restoration of salt pans

3 Installation des trames supérieures
   Fitting upper planking

4 Montage de la trame de poutres et de solives
   Fitting a framework of small joists and beams

5 Vue de ères restaurées
   View of restored salt pans

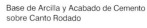

Criterio de Restauración Tipo Siglo XX
Base de Arcilla y Acabado de Cemento sobre Canto Rodado

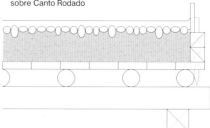

Criterio de Restauración Tipo Productivo
Base de Arcilla y Acabado de Piedra

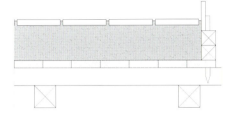

Criterio de Restauración Funcional
Lámina de Poliester + Fibra de Vidrio

Criterio de Restauración Tipo Paisajístico
Lámina de Poliester + Fibra de Vidrio
y Acabado de Canto Rodado

Étaiement des châssis

L'ampleur des travaux de restauration de plus de 5.000 aires se trouvant à Añana provoque un rythme de dégradation plus rapide que celui de la reconstruction. Pour enrayer l'effondrement permanent des structures, quelques interventions d'urgence ont été réalisées. Parmi elles, il convient de mentionner l'étayage des châssis de bois et la réduction des charges qu'ils supportent à travers le retrait des couches supérieures (argiles, matériel et ciment).

Propping up the frameworks

The magnitude of the restoration work of over 5,000 salt pans existing in Añana means that the rate of degradation is faster than that of reconstruction. To alleviate the continued collapse of structures, there has been some urgent intervention. Among the intervention carried out, special mention should be made of the propping/shoring up of the wooden structures and a reduction in the loads they bear by removing the upper layers (clay, pebbles and cement).

1, 2 Déchargement de la couche d'argile
Unloading the layer of clay

3, 4 Étaiement de trames en bois
Propping up the wooden frameworks

7 Futur de la Vallée Salée

Le principal objectif du Plan directeur est de préserver l'exploitation saline de Añana de l'oubli dont elle a été victime au cours des quarante dernières années, et de leur rendre la vie. Mais, qu'est ce que les salines ont de spécial pour réaliser cet effort ? La réponse est facile dans ce cas. Leur importance réside non seulement dans leur architecture surprenante, leur intérêt historique et archéologique, leur valeur paysagère ou environnementale, leur géologie ou leur biotope particulier, mais dans la somme de tous ces éléments et leur transposition dans un contexte privilégié.

7 Future of the Salt Valley

The main aim of the Master Plan is to recover the salt works of Añana from the neglect which they have been subjected to over the last forty years and bring it back to life. However, what is so special about the salt works to justify making such an effort? The response in this case is an easy one. Their importance lies not only in their surprising architecture, their historical and archaeological interest, their landscape or environmental value, their geology or particular biotope, but rather in the sum of all these parts and their embodiment within a privileged context.

1 Zone restaurée. Vue générale
Restored area. General view

Prenons en considération le fait que la ville de Añana est beaucoup plus qu'une fabrique de sel, elle compte dans son patrimoine une muraille médiévale en cours de restauration, des ferronneries, des forges et des fours en parfait état de conservation, des portes fortifiées, plusieurs églises, ermitages et même un couvent encore en activité ayant appartenu à l'Ordre militaire de Saint Jean de Jérusalem, un ancien hôpital, plusieurs édifications s'apparentant à des palais baroques. Il se trouve même à proximité de la localité, un important gisement d'empreintes animales et de végétation parfaitement conservées de vingt-deux millions d'années. Pour tout cela, Salinas de Añana est convertie, sans doute, en l'un des ensembles architecturaux et archéologiques les plus importants de notre territoire.

Le Plan directeur de Restauration de la vallée salée est seulement le début de la récupération intégrale des salines, car sa fonction était en définitive, de diagnostiquer les problèmes qui causaient sa ruine, et d'indiquer la forme et le mode les plus appropriés pour les sauver, les préserver, les maintenir, les entretenir, les utiliser, les montrer, et à travers leur utilisation garantir leur subsistance.

Les travaux réalisés au cours des quatre années qu'a duré l'exécution du Plan ont démontré que la meilleure manière de parvenir à ce que la vallée salée renaisse, est de récupérer son activité et de la compléter de propositions innovatrices permettant de garantir son maintien dans le futur. C'est pour cette raison, que nous pensons qu'il est aussi important de restaurer que de planifier la gestion et son utilisation.

It should be taken into account that the town of Añana is far more than just a salt factory, as among its heritage it has a medieval wall that is being recovered, ironworks, forges and furnaces in a perfect state of preservation, fortified gates, several churches, chapels and even a convent that is still in use that belonged to the Military Order of St. John of Jerusalem, a former hospital and several palatial buildings. Close to the town there is even a major site containing traces of animals and plants perfectly preserved from twenty-two million years ago. For all the aforementioned reasons, Salinas de Añana without doubt contains one of the most important sets of architecture and archaeology in our region.

The Master Plan for the Recovery of the Salt Valley is just the start of the full recovery of the salt works, as their function was, in short, to diagnose the problems that brought about their decline and indicate the most suitable means for rescuing them, preserving them, maintaining them, looking after them, using them, showing them and, by using them, ensuring their survival.

The work carried out over the four years of the Plan has shown that the best way of enabling the valley to be revived is to recover its activity and to complement this with innovative proposals that make it possible to ensure its future upkeep. For this reason, we believe that just as important as the restoration work is to plan its management and use.

1 Santa María de Villacones
  Santa María de Villacones

2 Porte dans La Carrera
  Door in calle La Carrera

3 Tour de l'horloge
  Clock tower

4 Critères de restauration
  Restoration criterion

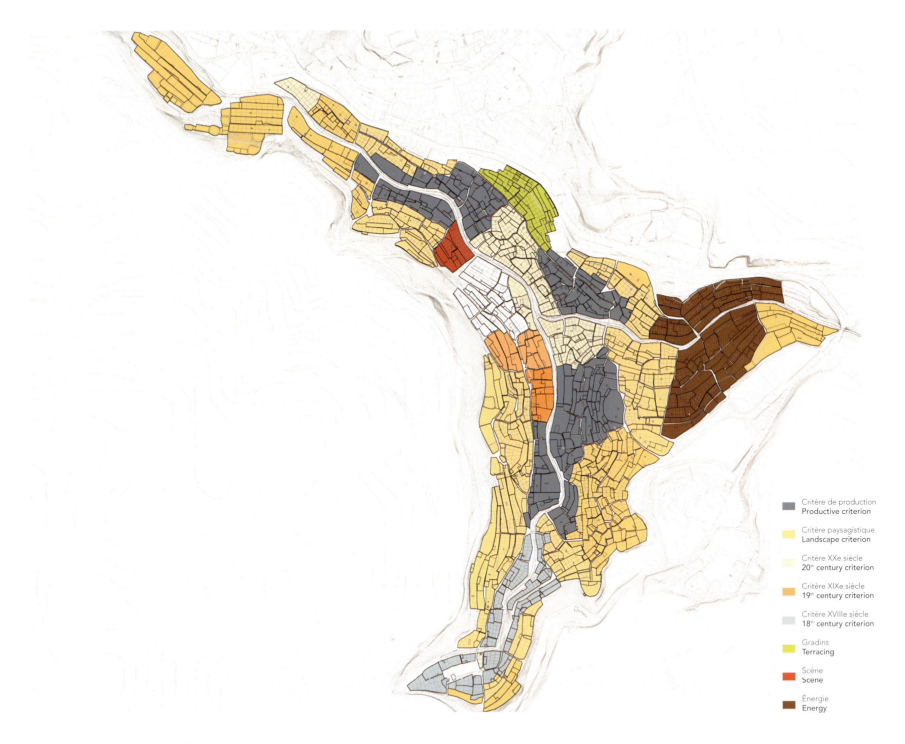

Futur de la Vallée Salée **Future of the Salt Valley** 203

Proposition architecturale

Le futur des salines passe par la récupération de l'ensemble des aires, des châssis, des puits et autres éléments tels qu'ils étaient avant leur abandon et ruine ultérieure. D'autre part, il a été également décidé de restaurer plusieurs bâtiments liés fonctionnellement et historiquement à l'exploitation saline pour être réutilisés en tant que centre pour les différentes activités portant que la production du sel, son conditionnement et les activités de loisirs et éducatives que l'on souhaite développer.

Comme nous en avons déjà fait mention à d'autres reprises, pour maintenir la vallée, il est nécessaire qu'elle fonctionne à plein rendement. A cet effet, il est essentiel de récupérer et d'aménager le réseau de chemins et de canaux de distribution de saumure dans sa totalité. Il sera possible ainsi de produire du sel dans n'importe quelle partie de la Vallée Salée et de mener à terme les tâches d'entretien et de restauration prévues.

Architectural proposal

The future of the salt works ranges from the full recovery of all the salt pans, frames, wells and other elements as they were before they were abandoned and subsequently fell into decline. Furthermore, it has also been decided to restore several buildings that have been functionally and historically linked to the salt works in order for them to be reused within the context of the different activities related to the production of salt and its packaging, and to the leisure and educational activities that are trying to be developed.

As we have commented on other occasions, the valley needs to be fully operational in order to be maintained. To this end, the full recovery and fitting out of the network of paths and brine distribution channels is of the utmost importance. In this way, it will be possible to produce salt in any part of the Salt Valley and to carry out the maintenance and restoration work planned.

1 3D Valle Salado. Vue de l'extrémité sud. Plates-formes d'évaporation
  3D Salt Valley. View of the far south. Evaporation platforms

2 Vue en 3D de l'extrémité sud de la Vallée salée. Zone des sources. Murs et trames
  3D view of the extreme south of the Salt Valley. Spring, wall and framework area

Proposition archéologique

La vallée s'est révélée être pendant son étude archéologique le centre névralgique de la connaissance de notre passé. Toutefois, nous pensons qu'un gros travail reste à réaliser, car malgré l'important volume d'informations obtenu, il reste encore de nombreuses hypothèses à aborder et de nombreux doutes à éclaircir.

Ainsi, prenant en considération le fait que pendant l'exécution des propositions du Plan directeur, le sous-sol ainsi que l'architecture vont être affectés, et que les deux sont protégés par les lois relatives au patrimoine, ont été élaborés des protocoles d'intervention répondant à la valeur historique et constructive de chacune des zones et chacun des éléments de la vallée. De cette manière, le processus de restauration sera accompagné d'une valeur culturelle qui, nous pensons, accroîtra considérablement son intérêt, les citoyens pouvant assister et participer activement aussi bien à la création de connaissances qu'à sa socialisation.

Archaeological proposal

The valley has in the course of its archaeological study been revealed to be a nerve centre of knowledge from our past. However, we believe that there is still a lot of work to do, as there remain many hypotheses to be considered and doubts to be put to rest, despite the great volume of information obtained.

Likewise and taking into account that during the execution process for the proposals put forward in the Master Plan both its subsoil and its architecture are going to be affected and that both are protected by laws governing heritage, some new protocols for intervention have been created that respect the historical and constructive value of each of the areas and elements in the valley. In this way, to the restoration process will be added a cultural value that we believe will markedly increase interest in it, as citizens will witness and actively take part both in the generation of knowledge and in its being of benefit to society.

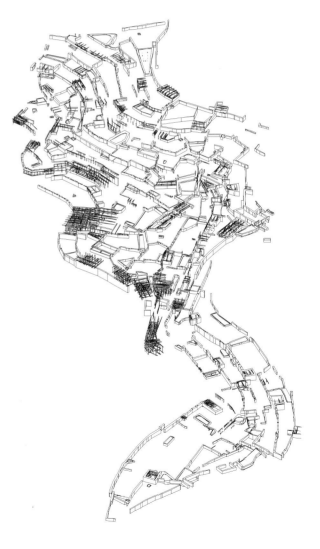

Proposition de restauration

Les dimensions et les caractéristiques particulières de la vallée salée nous ont amenés à aborder différentes formes de restauration de la vallée, car il est évident, que récupérer une fabrique de sel en gros n'a aucun sens, quand ce produit ne peut plus être compétitif sur le marché par rapport aux salines industrielles, la restauration doit intégrer d'autres motivations —telles que les activités liées au tourisme, la culture et les loisirs— qui constituent le moteur de la récupération de Añana, et dans le même temps, qui cofinancent les travaux. Ainsi, la restauration est destinée à la production de sel de haute qualité, à la restauration historique et didactique, à la production d'énergie, aux spectacles, aux visites touristiques et éducatives.

Les aires à sel seront récupérées suivant les méthodes de constructions employées au cours des différentes époques documentées. On pourra ainsi produire de cette manière le sel dont les caractéristiques seront similaires à celles du produit qui était consommé au Moyen-Âge, à l'époque Moderne et contemporaine. Nous allons également introduire une nouvelle typologie permettant, bien que de manière artisanale, d'obtenir du sel de qualité maximum.

La variation entre les différentes typologies de construction des aires se limite, essentiellement, à la finition de leurs surfaces. La couche d'argile correspond aux aires reconstruites suivant le critère le plus

Restoration proposal

The dimensions and specific features of the Salt Valley have led us to consider different ways of restoring the valley. Given that it is clear that there is no point in recovering a wholesale salt factory when this product is unable to compete on the market with industrial salt works, restoration needs to incorporate other attractions —such as activities related to tourism, culture and leisure— which may act as the driving force for the recovery of Añana and, at the same time, jointly finance the work. Thus, restoration is going to be geared towards the production of high quality salt, historic-didactic restoration, the generation of energy, events, and tourist and educational visits.

The salt pans for making salt will be recovered according to the way they were built at various documented times in history. In this way, salt may be produced in the future with very similar characteristics to that of the product consumed in the Middle, Modern and Contemporary Ages. A new typology is going to be introduced which will enable top quality salt to be obtained, albeit in the traditional way.

The variation between the different types of construction of salt pans is mainly confined to the finish on their surfaces. The clay finish is that of the salt pans reconstructed according to the oldest recorded criterion – the one used since the time the

anciens connu, celui qui a fonctionné depuis les origines de l'exploitation jusqu'au XVIIIe siècle; pour les aires restaurées suivant le critère du XIXe siècle, on placera sur l'argile un lit de matériel roulé et pour celles du XXe siècle, sur ce matériel sera posée une couche de ciment.

La nouvelle typologie des plates-formes que nous introduirons consiste en l'intégration d'un revêtement pierreux sur l'argile. Ainsi, en tenant compte des essais réalisés, il sera possible de produire du sel d'une blancheur similaire à celle obtenue au cours du XXe siècle, mais sans les problèmes que provoquait le ciment.

Un grand nombre d'aires seront restaurées suivant des critères paysagers. Ils auront une couche superficielle de matériel roulé qui sera placée sur une couche d'imperméabilisation protégeant les châssis de bois et soulageant l'ensemble en charges. De cette manière, leur entretien sera réduit au minimum, et la durée de vie sera prolongée.

salt works were first exploited until the 18th century; for the salt pans restored according to the criterion used in the 19th century, a bed of pebbles will be lain on top of the clay, and for those recovered according to the 20th century, a layer of cement will be lain above the pebbles.

The new types of platforms we will include a stony coating on top of the clay. Thus, taking into account the tests carried out, it will be possible to produce salt with a level of whiteness similar to that obtained throughout the 20th century, but without the problems caused by the cement.

A great number of salt pans will be restored using landscape criteria. They will incorporate a surface layer of pebbles that will be placed on a watertight layer that protects the wooden frames and lightens loads borne by the whole structure. This will consequently reduce their maintenance to a minimum and prolong their lifespan.

1 Nettoyage et restauration des ères
Cleaning and restoring the salt pans

Phases de restauration

Les méthodes sélectionnées pour la restauration des salines, les caractéristiques particulières du monument (120.000 mètres carrés, plus de 5.000 aires, 848 puits et 2.040 murs), l'orographie complexe et la disposition des infrastructures empêchent l'utilisation de grands moyens auxiliaires, et impliquent un rythme de restauration presque préindustriel. Il convient de retenir le fait que le seul accès à la vallée pour les machines est la rivière elle-même, mais pour la rejoindre, il faut transporter manuellement aussi bien le matériel en provenance du déblaiement que celui inhérent à la restauration. Aux difficultés techniques, viennent se joindre celles du financement nécessaire pour répondre aux propositions du Plan directeur, c'est pourquoi a été prévue une restauration en quatre phases de cinq ans chacune.

Restoration phases

The methods chosen for restoring the salt works, the specific features of the monument (120,000 square metres, over 5,000 salt pans, 848 wells and 2,040 walls) and the complex orography and layout of the infrastructures, prevent the use of major auxiliary methods and mean that restoration has to be carried out almost at a pre-industrial rate. It should be taken into account that the only access to the valley with machinery is via the river itself, although to link up with it both the material originating from the debris and the material necessary for restoration work has to be transported manually. To the technical difficulties are added the funding needed to defray the costs of the proposals put forward in the Master Plan, whereby restoration work has been planned in four phases of five years each.

1 Ère restaurée. Section de construction
  Restored salt pan. Constructive section

2 Ères restaurées
  Eras restauradas

3 Phases de restauration
  Restoration phases

Futur de la Vallée Salée **Future of the Salt Valley** 209

Proposition fonctionnelle

La diversité des besoins de la société actuelle dans des domaines aussi variés que le tourisme, la culture, les loisirs ou la gastronomie, sont quelques uns des facteurs qui poussent à faire de la Vallée Salée quelque chose de plus qu'une fabrique de sel. Ainsi, à partir des propositions du Plan directeur, nous proposons toute une série d'activités permettant de répondre à toutes ces exigences ainsi qu'à, organisées à partir d'un objectif commun, les consolider mutuellement.

Functional proposal

The diversity in terms of the needs of present-day society in fields as varied as tourism, culture, leisure and gastronomy are some of the factors that may lead to the Salt Valley becoming something more than just a salt factory. Thus, we propose a whole series of activities via the Master Plan that enable all those requirements to be met while at the same time, by there being organized via a common objective, may mutually favour each other.

1 Canal intérieur
  Interior channel

2 Types de production de sel
  Types of salt production

Futur de la Vallée Salée **Future of the Salt Valley** 211

Production de sel

Le sel devra constituer le support économique principal des salines, en réorientant l'ancien objectif de production maximum vers la production d'un produit de grande qualité obtenu par des méthodes traditionnelles. Ce processus doit être accompagné d'une campagne de diffusion créant une image et un label de qualité nécessaires pour en faire un produit de consommation apprécié et demandé par le marché. De cette manière, nous sommes convaincus que l'activité saline sera économiquement rentable, les bénéfices pouvant être reversés dans la restauration, l'étude et l'entretien de la vallée salée.

Salt production

Salt must be the main economic lifeblood of the salt works, re-focusing the former objective of maximum production towards obtaining a top quality product obtained by traditional methods. This process must be accompanied by a dissemination campaign that is able to generate the image and label of quality needed for it to be a product that is highly-regarded and in demand on the market. In this way, we are convinced that the salt making activity is going to be economically profitable, with its profits being reinvested in the restoration, study and maintenance of the Salt Valley.

1 - 4 Détails de la saline restaurée et en fonctionnement
Close-ups of the restored salt work which is in operation

Équipement de la Vallée salée

Pour le déroulement des opérations est prévue la restauration d'une série de bâtiments situés à la limite de la Vallée salée, afin de les doter des moyens nécessaires. Cinq des bâtiments qui vont être restaurés à cette fin seront : siège de la Fondation, accueil du public, conditionnement du sel, vente de sel, et activités liées à la production de sel. Le premier qui sera exécuté, appelé «El Torco», constituera le futur point de vente de sel, et sera formé d'un seule et unique espace ellipsoïdal exécuté d'une trame en bois à l'image des anciens bateaux.

L'équipement de la Vallée salée est complété d'autres petites interventions telles que des modules d'ombre, et la construction d'un pédiluve, ou bain de pieds en saumure, pour le plaisir des habitants de Añana, et des visiteurs de la vallée salée.

Facilities of the Salt Valley

To carry out the activities, the recovery of a series of buildings located on the edge of the Salt Valley has been taken into consideration, so as to equip them with the means necessary. Five of these are buildings which are going to be restored for such purpose and their uses will be as follows: head office of the Foundation, attending to the public, packaging of salt, sale of salt and activities related to salt production. The first to be built, called "El Torco," will be the place in future where salt will be on sale, and consists of a single ellipsoidal area made using a wooden framework in the style of old ships.

The facilities at the Salt Valley are completed by other small interventions such as shade modules and the construction of a *pediluvio*, or brine foot bath, for the enjoyment of visitors to the Salt Valley.

1 Puits de Bonifaz (Fonds Gatzagak)
  Bonifaz well (Gatzagak Collection)

2 Pédiluve en construction
  Pediluvio **brine foot bath under construction**

1 - 3 Aménagement de l'entrepôt
«El Torco»
Fitting out the "El Torco" store

216 Futur de la Vallée Salée **Future of the Salt Valley**

Activités touristiques et éducatives

Parallèlement à la restauration des aires, et à la production du sel dans celles-ci, les activités les plus importantes dans le domaine touristique et éducatif tourneront autour des visites. Dans les grandes lignes, elles se dérouleront en trois thèmes principaux: le premier consiste à mettre en valeur une visite montrant l'importance des salines en tant que patrimoine historique et architectural, le second répondra aux besoins des individus souhaitant connaître en avant-première le déroulement des travaux de restauration et d'étude (fouilles archéologiques, lecture de parements, etc.) et enfin, pourront être effectuées des visites in situ des différentes étapes du cycle de production du sel.

Un autre type d'activités éducatives proposées consiste en la création d'activités pour les élèves au cours desquelles ils seront impliqués directement dans l'apprentissage de la production du sel, ou dans des questions telles que l'origine des salines, le diapir ou la restauration, celle-ci étant dirigée aux étudiants en Architecture, Archéologie, Histoire ou diplômes post-universitaires spécialisés.

En définitive, on aborde une restauration ouverte et plurithématique, dans le cadre de laquelle le visiteur peut connaître en avant-première l'évolution de la restauration ainsi que les résultats des recherches réalisées ou qui sont effectuées à cet instant.

Actividades turístico-educativas

By way of a complement to the restoration of the salt works and salt production in them, the most important activities in the tourist-educational field will revolve around visits. Broadly speaking, these will be developed along three main lines: the first consists of promoting a visit that shows the importance of the salt works as historical and architectural heritage, the second will meet the needs of those individuals who wish to find out first hand about the development of the restoration and study work (archaeological excavations, parameter reading, etc.), and lastly, tours will be arranged *in situ* in which the different stages of the salt production process will be shown.

Other types of proposed educational activities consist of generating activities for students in which they are directly involved in learning about salt production, or in matters such as the origin of the salt works, the diaper or restoration work, with the latter being aimed at students of architecture, archaeology, history and those enrolled on specialist postgraduate courses.

In short, open and multi-thematic restoration is envisaged in which the visitor may find out first hand both about the evolutionary process of the restoration work and about the results of the research carried out or that is being carried out at that time.

1 - 3 La socialisation de la saline
The socialization of the salt works

Autres activités

Le Plan directeur propose l'intégration de plusieurs nouveaux usages dans l'enceinte des salines. Parmi eux, il convient de souligner ce qui suit:
• Tirant profit des conditions acoustiques de la vallée salée, et de la splendeur de son paysage, Gatzagak a organisé avec succès au cours des dernières années différents spectacles ayant eu pour décor et gradins les salines elles-mêmes. Le bon accueil accordé à cette activité a mené à l'inclure dans les propositions du Plan directeur, où son développement de manière organisée et la création d'espaces aménagés à cet effet sont proposés.
• Une partie de la vallée sera restaurée pour installer un site de production d'énergie solaire photovoltaïque. Ainsi, les aires qui, traditionnellement, ont été utilisées pour capter l'énergie du soleil pour l'évaporation de l'eau, continueront à absorber la lumière solaire, mais dans ce cas, pour produire autant d'énergie électrique que consomme actuellement la commune de Añana.

Other activities

The Master Plan proposes the incorporation of several new uses for the inside of the salt works. Among them special mention should be made of the following:
• Taking advantage of the acoustic conditions of the Salt Valley and the spectacular nature of its landscape, Gatzagak has been very successfully developing different events in recent years which have used the salt works themsleves as a stage and terraces. The favourable reception this activity has activity has resulted in its being included among the proposals put forward by he Master Plan, in which its development is proposed in an organized way and the creation of areas fitted out for such purpose is suggested.
• An area of the valley will be restored in order to install a photovoltaic solar energy generation plant. In this way, the salt pans that have traditionally been used to capture energy from the sun in order to evaporate the water will continue absorbing the light but, in this case, for the purpose of generating as much energy as is currently consumed by the municipality of Añana.

1 - 3 La fête du sel
The salt fair